ESPANHOL em 5 MINUTOS DIÁRIOS

Falando sua língua

ESPANHOL em 5 MINUTOS DIÁRIOS

Tradução

Luciana Garcia
Luiza M. A. Garcia

martins fontes
selo martins

© 2013 Martins Editora Livraria Ltda., São Paulo, para a presente edição.
© 2011 APA Publications (UK) Limited.
Esta obra foi originalmente publicada em inglês
sob o título *5-Minute Spanish* por APA Publications (UK) Limited.

Todos os direitos reservados.
Berlitz Trademark Reg. US Patent Office and other countries. Marca Registrada.
Used under license from Apa Publications (UK) Ltd.

Publisher	*Evandro Mendonça Martins Fontes*
Coordenação editorial	*Vanessa Faleck*
Produção editorial	*Heda Maria Lopes*
Projeto de capa	*Marcela Badolatto*
Projeto gráfico	*Booklinks Publishing Services*
Diagramação	*Edinei Gonçalves*
Tradução	*Luciana Garcia*
	Luiza M. A. Garcia
Preparação	*Pamela Guimarães*
Revisão	*Renata Sangeon*
	Juliana Amato Borges

Dados Internacionais de Catalogação na Publicação (CIP)
(Câmara Brasileira do Livro, SP, Brasil)

Perez Roch, María Amparo
  Espanhol em 5 minutos diários / APA Publications (UK) Limited;
traduzido por Luciana Garcia, Luiza M. A. Garcia. -- 1. ed. -- São
Paulo: Martins Fontes – selo Martins, 2013. -- (Série 5 minutos dários)

  Título original: 5-Minute Spanish.
  1. Espanhol – Estudo e ensino I. APA Publications. II. Título. III. Série.

13-10585   CDD-460.7

Índices para catálogo sistemático:
1. Espanhol : Estudo e ensino   460.7

Nenhuma parte desta obra pode ser reproduzida, armazenada em sistema de recuperação
ou transmitida de nenhuma forma ou meio eletrônico ou mecânico, inclusive por fotocópia,
gravação ou outro, sem a prévia permissão por escrito de APA Publications.

Todos os direitos desta edição reservados à
Martins Editora Livraria Ltda.
Av. Dr. Arnaldo, 2076
01255-000 São Paulo SP Brasil
Tel.: (11) 3116 0000
info@emartinsfontes.com.br
www.emartinsfontes.com.br

Sumário

Como usar este livro 07
Pronúncia 08

UNIDADE 1 Cumprimentos e apresentações
| Lição 1 | ¡Buenos días! 10
| Lição 2 | Frases úteis 11
| Lição 3 | Palavras úteis 12
| Lição 4 | Gramática 13
| Lição 5 | ¿De donde eres? 14
| Lição 6 | Palavras úteis 15
| Lição 7 | Frases úteis 16
| Lição 8 | Gramática 17
| | Unidade 1 Revisão 18

UNIDADE 2 Substantivos e números
| Lição 1 | La tarjeta postal 19
| Lição 2 | Palavras úteis 20
| Lição 3 | Frases úteis 21
| Lição 4 | Gramática 22
| Lição 5 | La identificación 23
| Lição 6 | Palavras úteis 24
| Lição 7 | Frases úteis 25
| Lição 8 | Gramática 26
| | Unidade 2 Revisão 27

UNIDADE 3 Hora e data
| Lição 1 | ¿Qué hora es? 28
| Lição 2 | Frases úteis 29
| Lição 3 | Palavras úteis 30
| Lição 4 | Gramática 31
| Lição 5 | Los quehaceres 32
| Lição 6 | Palavras úteis 33
| Lição 7 | Frases úteis 34
| Lição 8 | Gramática 35
| | Unidade 3 Revisão 36

UNIDADE 4 Família
| Lição 1 | Foto de familia 37
| Lição 2 | Palavras úteis 38
| Lição 3 | Frases úteis 39
| Lição 4 | Gramática 40
| Lição 5 | Árbol de familia 41
| Lição 6 | Palavras úteis 42
| Lição 7 | Frases úteis 43
| Lição 8 | Gramática 44
| | Unidade 4 Revisão 45

UNIDADE 5 Refeições
| Lição 1 | ¡Tengo hambre! 46
| Lição 2 | Palavras úteis 47
| Lição 3 | Frases úteis 48
| Lição 4 | Gramática 49
| Lição 5 | En el restaurante 50
| Lição 6 | Palavras úteis 51
| Lição 7 | Frases úteis 52
| Lição 8 | Gramática 53
| | Unidade 5 Revisão 54

UNIDADE 6 Clima e temperatura
| Lição 1 | ¿Cómo está el clima? 55
| Lição 2 | Palavras úteis 56
| Lição 3 | Frases úteis 57
| Lição 4 | Gramática 58
| Lição 5 | ¿Qué está haciendo? 59
| Lição 6 | Frases úteis 60
| Lição 7 | Palavras úteis 61
| Lição 8 | Gramática 62
| | Unidade 6 Revisão 63

Sumário

UNIDADE 7 Compras

Lição 1	La tienda de ropa	64
Lição 2	Frases úteis	65
Lição 3	Palavras úteis	66
Lição 4	Gramática	67
Lição 5	¿Cómo voy a pagar?	68
Lição 6	Frases úteis	69
Lição 7	Palavras úteis	70
Lição 8	Gramática	71
	Unidade 7 Revisão	72

UNIDADE 8 Viagens e férias

Lição 1	¿Dónde está la estación?	73
Lição 2	Palavras úteis	74
Lição 3	Frases úteis	75
Lição 4	Gramática	76
Lição 5	Llegadas y salidas	77
Lição 6	Palavras úteis	78
Lição 7	Frases úteis	79
Lição 8	Gramática	80
	Unidade 8 Revisão	81

UNIDADE 9 Profissões

Lição 1	Entrevista de trabajo	82
Lição 2	Palavras úteis	83
Lição 3	Frases úteis	84
Lição 4	Gramática	85
Lição 5	Solicitud de trabajo	86
Lição 6	Palavras úteis	87
Lição 7	Frases úteis	88
Lição 8	Gramática	89
	Unidade 9 Revisão	90

UNIDADE 10 Em casa/Saindo para passear

Lição 1	¡Ayúdame!	91
Lição 2	Palavras úteis	92
Lição 3	Frases úteis	93
Lição 4	Gramática	94
Lição 5	¿A dónde fuiste?	95
Lição 6	Palavras úteis	96
Lição 7	Frases úteis	97
Lição 8	Gramática	98
	Unidade 10 Revisão	99

UNIDADE 11 Corpo e saúde

Lição 1	Estoy enfermo	100
Lição 2	Palavras úteis	101
Lição 3	Frases úteis	102
Lição 4	Gramática	103
Lição 5	La medicina	104
Lição 6	Palavras úteis	105
Lição 7	Frases úteis	106
Lição 8	Gramática	107
	Unidade 11 Revisão	108

Glossário 109
Respostas das atividades 117

Como usar este livro

Ao usar *Espanhol em 5 minutos diários*, em pouco tempo você poderá começar a falar espanhol. O programa *Espanhol em 5 minutos diários* apresenta um novo idioma e capacita o estudante a falar imediatamente. Reserve alguns minutos antes ou depois do trabalho, à noite, antes de dormir, ou em qualquer horário que lhe pareça adequado para manter a disciplina de uma aula diária. Se quiser, você pode até mesmo avançar e praticar duas aulas por dia. Divirta-se enquanto estiver aprendendo: você vai falar espanhol mais rápido do que imagina.

- O livro está dividido em 99 lições. Cada uma delas oferece a oportunidade de um aprendizado prático que pode ser concluído em poucos minutos.
- Cada unidade possui 8 lições, que apresentam vocabulário-chave, frases e outras informações necessárias à prática cotidiana do idioma.
- Uma revisão ao final de cada unidade proporciona a oportunidade de testar o seu conhecimento antes de prosseguir.

- Por meio da linguagem e da atividade cotidianas são apresentados o vocabulário, as frases e a gramática abordados nas lições. Você verá diálogos, cartões-postais, e-mails e outros tipos comuns de correspondência em espanhol.
- Você poderá ouvir os diálogos, os artigos, os e-mails e outros textos no CD de áudio deste livro.

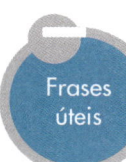

- Nestas lições, você vai encontrar frases úteis para as conversas do dia a dia. Você poderá ouvi-las no programa de áudio.
- As "Frases extras" enriquecerão o seu conhecimento e entendimento do espanhol cotidiano. Embora elas não sejam praticadas nas atividades, estão presentes para aqueles que querem aprendê-las.

- As "Palavras essenciais" trazem o vocabulário relacionado ao tema da aula. Em algumas aulas, essas palavras são divididas em subcategorias. Você poderá ouvi-las em nosso programa de áudio.
- As "Palavras extras" complementam o vocabulário.

- Não se assuste. A gramática abrange as partes básicas do discurso que você precisará conhecer para falar espanhol de maneira fácil e fluente.
- Do emprego de verbos à formulação de perguntas, o programa *Espanhol em 5 minutos diários* proporciona explicações e exemplos rápidos e fáceis de como utilizar essas estruturas.

Unidade **Revisão** Aqui você terá a chance de praticar o que aprendeu.

Desafio
Amplie ainda mais seu conhecimento com uma atividade desafiadora.

Áudio – *Espanhol em 5 minutos diários*

Ao ver este ícone, você saberá que deve ouvir a faixa correspondente do CD de áudio de *Espanhol em 5 minutos diários*.

DICA
Este boxe está presente para expandir seu conhecimento do idioma espanhol. Você encontrará diferenças no espanhol falado em cada país, convenções extras do idioma e outras informações úteis para falar cada vez melhor.

DICA CULTURAL
Este boxe apresenta informações culturais úteis sobre países de língua espanhola.

DICA DE PRONÚNCIA
Este boxe ensina ferramentas específicas de pronúncia.

Pronúncia

Esta seção foi desenvolvida para você se familiarizar com os sons do espanhol. Para isso, foi usada uma descrição fonética bastante simplificada, que parte de exemplos dos sons de nossa língua. No entanto, nem sempre há equivalentes em português. Nesses casos, os exemplos aproximados apresentados aqui e principalmente o uso frequente do CD de áudio que acompanha este volume poderão auxiliá-lo a chegar a uma pronúncia eficaz para a comunicação.

É importante observar que existem algumas diferenças de pronúncia nos países em que o espanhol é o idioma oficial e até mesmo em diferentes regiões num único país. Por se tratar de um guia simplificado, essas diferenças não serão abordadas aqui.

Consoantes

Letras	Pronúncia aproximada	Exemplo
b	como *boneca* em português	**b**ueno
c	1. diante de **e** e **i** tem som de th, de *thin* (na América Latina se pronuncia como em português)	**c**entro, **c**inco
	2. diante de **a**, **o** e **u**, como em português	**c**omo, **c**ama, **c**ura
ch	som forte, como o **tchê** gaúcho	mu**ch**o, **Ch**ico
d	1. como em *dedo*, nunca o som **dji**, de *dia*	**d**onde
	2. o **d** final normalmente é mudo ou tem o som de **z**, nunca é forte	Madri**d**, uste**d**
g	1. como em português diante de **a**, **o** e **u**	nin**g**uno, **g**ato
	2. diante de **e** e **i** tem o som de um **h** aspirado	**g**ente
h	como em português, é mudo	**h**ombre
j	som aspirado, como *house*, em inglês	ba**j**o, **j**efe
l	evite o som de **u** no fim de palavras	sa**l**, ma**l**
ll	na Espanha, é semelhante a *mulher*, mas há variações nos países latino-americanos	**ll**eno, **ll**amar
ñ	como o **nh** em português	se**ñ**or, ni**ñ**o
qu	como *queijo* em português	**qu**eso, **qu**ince
r	1. som suave no meio ou no final de palavras, como em *caro* e *mar*	ca**r**o, ma**r**
	2. no início de sílaba/após **l**, **n** ou **s**, som vibrante (o **r** dos gaúchos)	**r**ío, **r**osa, al**r**ededor
rr	som vibrante, sempre	a**rr**iba, ca**rr**o
s	como o **ss** em português (e não com o som de **z**, de *casa*)	**s**opa, mi**s**mo
t	como em *televisão*	**s**entimiento
v	semelhante ao **b**, mais suave	**v**iejo, **v**ino
x	1. som de **ss** no início da palavra	**x**erocopiar
	2. som de **ks** junto a vogais	é**x**ito
z	1. na Espanha – como em **th**	bra**z**o, **z**orro
	2. América Latina – **ss**	

As consoantes **f**, **k**, **m**, **n** e **p** são pronunciadas como em português: **f**ila, **k**ilo, **m**ano, **n**ota, **p**ato.

Vogais

Letras	Pronúncia aproximada	Exemplo
a	sempre aberta, mesmo junto de **m** ou **n**	**A**n**a**, m**aña**n**a**
e	1. sempre fechado, como *pavê*	caf**é**, m**é**dico, v**e**rd**e**
	2. não tem som de **i** no final da palavra	
i	igual ao português	f**i**n
o	1. som sempre fechado, como em *avô*	b**olo**
	2. não tem som de **u** no final da palavra	t**o**nt**o**
u	igual ao português	**u**ma
y	1. tanto na Espanha como na América Latina existem variações mais suaves, como *yes*, ou mais fortes, como o **j**, em português	**y**erba
	2. som de *i* no final da palavra	vo**y**

Nota:

Algumas palavras em espanhol têm mais de um significado e o acento agudo faz a distinção:

él (ele – pronome) e **el** (o – artigo)

tú (tu – pronome pessoal) e **tu** (teu – pronome possessivo)

sí (sim – advérbio de afirmação) e **si** (se – conjunção)

mí (mim – pronome pessoal) e **mi** (pronome possesivo)

Unidade 1 — Cumprimentos e apresentações

Nesta unidade você aprenderá:
- frases para cumprimentar e se despedir.
- a dizer o seu nome e de onde você é.
- os pronomes pessoais e dois usos do verbo *ser*.
- a conversar sobre nacionalidades e países.

LIÇÃO 1 — ¡Buenos días!

Diálogo

Lisa encontra seu novo vizinho, Marco. Ouça como ela se apresenta e pergunta de onde Marco é.

Lisa ¡Buenos días! Me llamo Lisa. ¿Cómo se llama usted?
Marco Me llamo Marco. Mucho gusto.
Lisa Soy de España. Y usted, ¿de dónde es?
Marco Soy de México.
Lisa Encantada.
Marco Igualmente. Hasta luego.

DICA

Nas conversas em espanhol, assim como em português, nós podemos optar por usar ou não os pronomes pessoais. Você pode dizer, por exemplo, tanto "Yo soy de España" como "Soy de España".

Atividade A

Circle **V**, para verdadeiro, ou **F**, para falso.

1. Esse encontro acontece durante o dia. **V / F**
2. Marco ficou feliz em conhecer Lisa. **V / F**
3. Lisa é da República Dominicana. **V / F**
4. Marco é do México. **V / F**

Atividade B

Complete a conversa. Utilize frases e perguntas do diálogo.

Me llamo Lisa. ¿ _____ ?

Me llamo Marco. _____ .

Soy de España. Y usted, ¿ _____ ?

Soy _____ .

DICA CULTURAL

Os brasileiros se cumprimentam de maneiras diferentes no Brasil. Há lugares em que é comum dar apenas um beijo no rosto e lugares em que é mais comum dar dois beijos. No mundo hispânico também existem variações: na América Latina, amigos e familiares normalmente se cumprimentam com beijos e abraços. Na Espanha, o mais usual é dar um beijo em cada bochecha.

LIÇÃO 2
Frases úteis

DICA

Em português, dizemos "muito prazer" quando somos apresentados a alguém. Em espanhol se diz "encantado/encantada", de acordo com o gênero de quem fala.

Encantada.
Encantado.

Frases essenciais

¡Hola!	Oi/Olá!
¡Adiós! ou Hasta luego.	Tchau/Até logo.
Buenos días.	Bom dia.
Buenas tardes.	Boa tarde.
Buenas noches.	Boa noite.
¿Cómo se llama usted?	Como você se chama?
¿De dónde es usted?	De onde você é?

Frases extras

¿Cómo está?	Como vai?
Encantado/Encantada ou Mucho gusto.	Muito prazer.
Igualmente.	Igualmente.

DICA

Na maioria dos países de língua espanhola, o pronome "usted" é usado na primeira vez em que conhecemos ou falamos com uma pessoa. Também se usa esse pronome em situações formais, quando nos dirigimos a alguém mais velho ou hierarquicamente superior. Depois da primeira apresentação, pode-se usar o pronome informal "tú", que também faz parte do tratamento entre familiares e amigos.

Atividade A
O que você diz quando quer…

1 dizer "oi"?
___

2 perguntar o nome de alguém?
___

3 perguntar a uma pessoa de onde ela é?
___

4 despedir-se de alguém?
___

Atividade B
Escreva a saudação adequada para cada imagem: *Buenos días*, *Buenas tardes* ou *Buenas noches*.

1 ___

2 ___

3 ___

Cumprimentos e apresentações — Unidade 1

LIÇÃO 3
Palavras úteis

DICAS

Para não se esquecer dos nomes dos países em espanhol:
- lembre os nomes espanhóis dos países quando for usá-los no dia a dia.
- crie cartões dos países com a bandeira na frente e o nome no verso e memorize-os.

Palavras essenciais

Canadá	🇨🇦	Canadá
España	🇪🇸	Espanha
Los Estados Unidos	🇺🇸	Estados Unidos
México	🇲🇽	México
Perú	🇵🇪	Peru
El Reino Unido	🇬🇧	Reino Unido

América del Norte
América do Norte

América del Sur
América do Sul

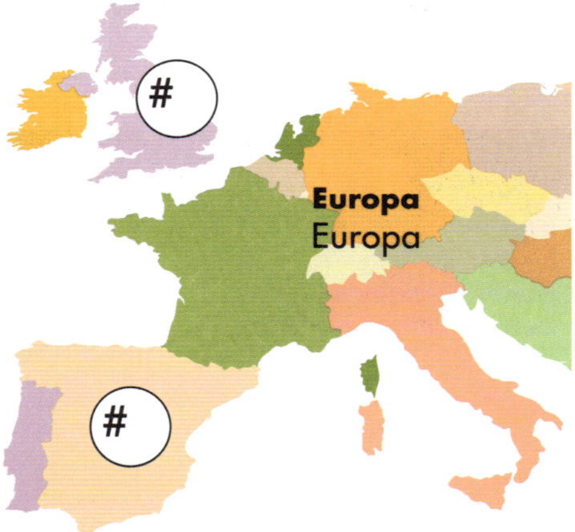

Europa
Europa

Atividade A
Escreva nos mapas o número do país correspondente.

1. Perú
2. El Reino Unido
3. México
4. Los Estados Unidos
5. España
6. Canadá

Atividade B
Relacione cada bandeira com o nome do país.

1. México
2. Perú
3. España
4. El Reino Unido

Unidade 1 — Cumprimentos e apresentações

LIÇÃO 4
Gramática

Pronomes pessoais

yo	eu
tú	tu (você/inf.)
usted	você (form.)
él/ella	ele/ela
nosotros/nosotras	nós
ustedes	vocês
ellos/ellas	eles/elas

Abreviações

masculino	m	singular	sing.	informal	inf.
feminino	f	plural	pl.	formal	form.

Atividade A
Escreva o pronome pessoal singular correto embaixo de cada imagem.

1 _____
eu

2 _____
ela

3 _____
ele

4 _____
você (inf.)

Atividade B
Escreva o pronome pessoal plural correto embaixo de cada imagem.

1 _____
elas

2 _____
eles

3 _____
nós

4 _____
nós

Atividade C
Que pronome pessoal você usa para falar de...

1 você mesmo? _____
2 uma mulher? _____
3 um homem? _____
4 um grupo de mulheres? _____
5 um grupo de homens? _____

DICA
Na Espanha usa-se *vosotros*, em geral, para tratar da segunda pessoa do plural. Lá, *ustedes* é usado apenas em situações formais, com a mesma designação. Na América Latina e em países da América Central, por outro lado, usa-se *ustedes* em todos os contextos informais.

LIÇÃO 5

¿De dónde eres?

Idioma y nacionalidad

El español es el idioma oficial de 21 países en el mundo. Algunos de estos países son España, México, Colombia, Argentina, Perú y Ecuador. Cada país en el que se habla español tiene su propia nacionalidad. Así como alguien de Canadá es canadiense, no inglés, alguien de Perú es peruano, no español. Esta tabla muestra otros ejemplos de países, nacionalidades y sus idiomas.

País	Nacionalidad	Idioma
Argentina	argentina	español
Colombia	colombiana	español
Ecuador	ecuatoriana	español
España	española	español
México	mexicana	español
República Dominicana	dominicana	español

De onde você é?

Leia e ouça o artigo sobre países de língua espanhola. Não se preocupe se não entender imediatamente! Tente compreender o significado geral do texto, sublinhe as palavras que você não entende e procure o significado delas em português. Em seguida, leia a tradução.

Atividade A

Complete o quadro abaixo com palavras do artigo, como mostra o exemplo.

país	país
idioma	
nacionalidade	
espanhol	
inglês	

Atividade B

Cubra a tradução do artigo para o português. Leia novamente o artigo em espanhol e circule a resposta correta.

1. O espanhol é a língua oficial em 21
   a países   b idiomas
2. Na Colômbia, as pessoas falam
   a colombiano   b español
3. Uma pessoa que nasceu no Canadá é
   a inglés   b canadiense
4. Uma pessoa que nasceu no Peru é
   a brasileño   b peruano

Idioma e nacionalidade

O espanhol é a língua oficial de 21 países do mundo. Alguns desses países são Espanha, México, Colômbia, Argentina, Peru e Equador. Cada país falante de espanhol tem sua própria nacionalidade. Assim como alguém que nasceu no Canadá é canadense, e não inglês, alguém que nasceu no Peru é peruano, e não espanhol. A tabela a seguir mostra alguns exemplos de países, nacionalidades e idiomas.

DICA

Assim como em português, palavras referentes a nacionalidades e linguagens não são escritas com letras maiúsculas. Portanto, *soy brasileño, soy peruana*.

LIÇÃO 6
Palavras úteis

Atividade B
Use o vocabulário do quadro para identificar a nacionalidade de cada prato.

> canadiense   inglesa   estadounidense
> española   mexicana

Palavras essenciais

australiano/australiana	australiano/australiana
inglés/inglesa	inglês/inglesa
canadiense	canadense
español/española	espanhol/espanhola
estadounidense	americano/americana
mexicano/mexicana	mexicano/mexicana

Palavras extras

alemán/alemana	alemão/alemã
brasileño/brasileña	brasileiro/brasileira
francés/francesa	francês/francesa
irlandés/irlandesa	irlandês/irlandesa
portugués/portuguesa	português/portuguesa

Atividade A
Aponte a nacionalidade correta de cada pessoa.

 1 (México) Teresa es _____.
   mexicana/brasileña

 2 (Estados Unidos) Sarah es _____.
   inglesa/estadounidense

 3 (Inglaterra) Tim es _____.
   inglés/canadiense

 4 (Austrália) Matthew es _____.
   australiano/peruano

 1 _____

 2 _____

 3 _____

 4 _____

 5 _____

Cumprimentos e apresentações   Unidade 1

LIÇÃO 7

Frases úteis

DICA CULTURAL

Em muitos países hispânicos as pessoas tendem a usar o diminutivo para se referir a pequenas quantidades. Por exemplo, se um espanhol quer dizer que fala um pouco de português, provavelmente ele dirá *un poquito*, em vez de *un poco*.

Frases essenciais

¿Es usted inglés/inglesa?	Você é inglês/inglesa?
Soy canadiense.	Sou canadense.
¿Habla español?	Você fala espanhol?
Un poco.	Um pouco.
Hablo bien/mal.	Falo bem/mal.

Atividade A

O que você diz quando quer...

1. perguntar a alguém se ele/ela é espanhol/espanhola?
   _____
2. dizer que você fala bem uma língua?
   _____
3. dizer que fala um pouco de uma língua?
   _____

Sua vez

Imagine que você acabou de conhecer uma pessoa em uma viagem pela Espanha. Use as frases e as palavras que você aprendeu para criar um diálogo. Pergunte de onde ela é e que língua ela fala. Escreva as perguntas na coluna "Você" e as respostas na coluna "Ele(a)".

Você	Ele(a)
P1	R1
P2	R2

16 Unidade 1 Cumprimentos e apresentações

LIÇÃO 8 — Gramática

O verbo *ser*

Entre muitos outros usos, o verbo *ser* serve para:

- apresentar-se ou apresentar outra pessoa
- dizer de onde a pessoa é e qual é a sua nacionalidade

Singular

yo	soy	eu sou
tú	eres	você é (inf.)
él/ella/usted	es	ele/ela/você (form.)

Exemplos

Yo soy María.   Eu sou a Maria.
Él es Raúl.   Ele é o Raul.

Atividade A

Complete as frases com a forma correta do verbo *ser*.

1. Yo _____ de España.
2. Usted _____ de México.
3. Tú _____ de Perú.
4. Ella _____ de Canadá.

Plural

nosotros/nosotras	somos	nós somos
ustedes/vosotros	son	vocês são
ellos/ellas	son	eles/elas são

Exemplos

Nosotros somos de Colômbia.   Nós somos da Colômbia.
Nosotros somos peruanos.   Vocês são do Peru.

Atividade B

Preencha as frases com a forma correta do verbo *ser*.

1. Ustedes _____ estadounidenses.
2. Nosotras _____ mexicanas.
3. Ellos _____ españoles.
4. Ellas _____ inglesas.

Sua vez

Greta, Diego e Paula acabaram de se conhecer. Complete a conversa entre eles com as formas corretas do verbo *ser*.

Diego (para Greta) ¿De dónde _____?

Greta (para Diego e Paula) _____ de Reino Unido. Y ustedes, ¿_____ españoles?

Diego _____ español y Paola _____ mexicana.

DICAS

- Como em português, os adjetivos concordam em gênero e número com os sujeitos. O final das palavras muda em caso de singular/plural e masculino/feminino:
    Pedro es mexicano.
    Pedro y Carlos son mexicanos.
    María es inglesa.
    María y Cristina son inglesas.

- Na Espanha, costuma-se utilizar o pronome *vosotros(as)*. Para conjugar o verbo *ser* com esse pronome, utiliza-se *sois*. Por exemplo: *¿Sois españoles?*

Cumprimentos e apresentações — Unidade 1 — 17

Unidade 1 — Revisão

Atividade A
Complete o quadro abaixo.

Nome	País	Nacionalidade
Pepa		española
Pablo	México	
Cassandra		canadiense
Brian	Estados Unidos	
Ana		brasileña

Atividade B
Use o verbo *ser* para escrever uma frase que explique de onde é cada pessoa.

Exemplo Paulina, El Reino Unido:
Paulina es inglesa.

1. tú, Los Estados Unidos: _____
2. Lisa, España: _____
3. usted, Brasil: _____
4. Ernesto, México: _____

Atividade C
Kiko está visitando o México. Complete a conversa entre ele e o *guía turístico*.

Guía ¡_____! ¡Bienvenido a México!
Kiko ¡Hola! ____ Kiko Buxó.
¿_____ usted?
Guía _____ Enrico. Mucho gusto.
Kiko Encantado. ¿_____ usted mexicano?
Guía Sí. ¿_____?
Kiko _____ del Reino Unido.
¿_____?
Guía Un poquito.
Kiko Hablo _____ y _____.
Guía ¡Qué bien!
Kiko _____, Enrico.
Guía ¡Adiós!

Atividade D
Encontre os nomes de países e nacionalidades no caça-palavras abaixo. Eles podem estar escritos na horizontal, na vertical ou na diagonal.

> España   Canadá   México   española
> El Reino Unido   Los Estados Unidos   canadiense

L	O	S	E	S	T	A	D	O	S	U	N	I	D	O	S
Á	Y	P	I	O	S	U	R	N	C	N	A	S	P	L	B
D	A	A	T	L	E	S	P	A	Ñ	A	D	H	A	E	O
A	L	O	Ñ	A	P	S	E	U	D	I	T	W	P	O	C
N	V	N	I	K	L	T	Ú	R	E	P	C	Z	D	E	I
A	U	C	A	N	A	D	I	E	N	S	E	Y	L	H	X
C	F	D	R	T	U	A	I	P	E	N	W	R	O	U	É
E	L	R	E	I	N	O	U	N	I	D	O	S	Ú	D	M

Desafio
Você consegue encontrar a palavra Peru, em espanhol, no caça-palavras? Escreva a palavra abaixo.

Peru _____
Peruano _____

Atividade E
Encontre o erro em cada frase e, depois, escreva a frase correta na linha.

1. ¡Adiós! Me llamo Laura. _____
2. Nosotros son de Canadá. _____
3. Pepinot es de España. Pepinot es peruano.
   _____
4. Manuel es de estadounidense.
   _____
5. Yo hablo canadiense. _____
6. Ana es mexicano. _____

Unidade 2 — Substantivos e números

Nesta unidade você aprenderá:
- a identificar pessoas, animais, coisas e os números de 1 a 30.
- as diferenças entre o masculino e o feminino, o singular e o plural dos substantivos.
- a usar os artigos definidos e os verbos regulares terminados em *-ar* e *-ir*.
- a preencher um formulário com suas informações pessoais.
- a pedir números de telefone e endereços.

LIÇÃO 1 — La tarjeta postal

Um cartão-postal da Colômbia

Observe a frente e o verso do cartão-postal (*la tarjeta postal*). Leia o texto e circule as palavras que indicam pessoas, coisas ou animais.

Atividade B

Escreva as palavras em espanhol que se referem...

1 às pessoas no cartão-postal.

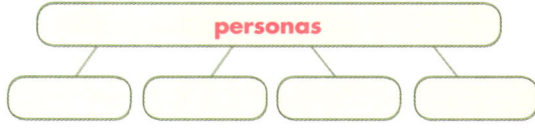

2 às coisas no cartão-postal.

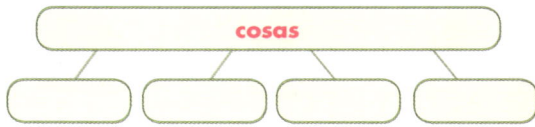

3 aos animais no cartão-postal.

Atividade extra

Se você conhece outras palavras em espanhol para pessoas, animais e coisas, acrescente-as nos espaços acima.

Atividade A

Circule **V** para verdadeiro e **F** para falso.

1 Roberto está visitando a Espanha.   V / F
2 O cartão-postal de Roberto descreve montanhas e rios.   V / F
3 Roberto gosta das casas e edifícios que vê.   V / F
4 O cartão-postal descreve carros e ônibus coloridos.   V / F

> **DICA**
>
> Note que as palavras usadas para pessoas, animais e coisas no cartão-postal terminam em *-s* ou *-es*. Isso acontece porque elas estão no plural. A forma singular dessas palavras são: *gato, perro, pájaro, niña, niño, hombre, mujer, casa, edificio, carro e autobús.*

LIÇÃO 2
Palavras úteis

DICA

Assim como no português, em espanhol a maioria dos substantivos terminados em -a e -ad é feminina, como *niña* (menina) e *amistad* (amizade). Substantivos terminados em -o, -e e consoantes normalmente são masculinos, como *toro* (touro) e *túnel* (túnel). Existem algumas exceções, como *mapa* (mapa), que é masculino, e *canción* (canção), que é feminino.

Palavras essenciais

la niña   el niño   el hombre   la mujer

el pájaro    el gato    el perro

el autobús    el carro

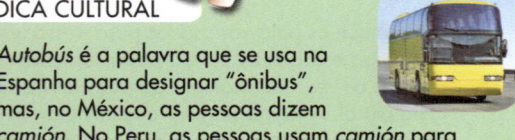

la calle    la casa    el edificio

DICA CULTURAL

Autobús é a palavra que se usa na Espanha para designar "ônibus", mas, no México, as pessoas dizem *camión*. No Peru, as pessoas usam *camión* para dizer "caminhão". Assim, se você estiver procurando um ônibus, é mais seguro procurar por um *autobús*.

Atividade A
Escreva a palavra em espanhol para cada item nas imagens.

1

2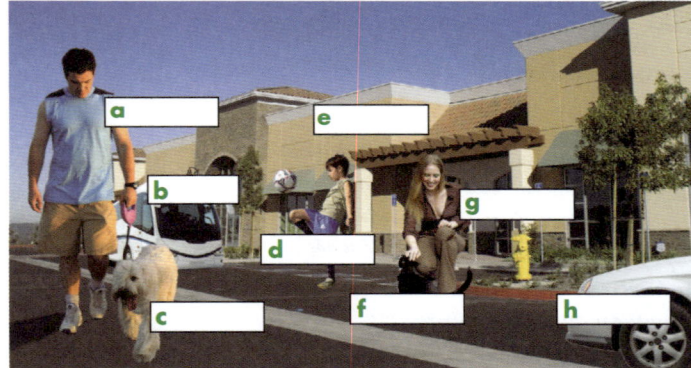

Atividade B
Escreva *femenino* ou *masculino* para classificar cada substantivo.

1. perro _____
2. niño _____
3. carro _____
4. calle _____
5. edificio _____
6. casa _____
7. gato _____
8. autobús _____

Unidade 2 — Substantivos e números

LIÇÃO 3
Frases úteis

DICAS

- ¡Mira este consejo! (Preste atenção neste conselho!) Quando você se refere a alguém ou a algum animal específico em espanhol, você deve usar a preposição *a* depois de ¡Mira...! e antes do substantivo. Por exemplo: ¡Mira a Laura! ¡Mira a Rover! ¡Mira a los niños! Quando quiser se referir a animais ou a coisas genéricas, você deixa a preposição de lado e diz: ¡Mira los animales!
- Se estiver em uma conversa formal, diga ¡Mire...! no lugar de ¡Mira...!

Frases essenciais

¡Mira a la gente! Veja as pessoas!
¡Mira los animales! Veja os animais!
Querido/Querida _____. Caro/Cara _____.
Te extraño. Estou com/Sinto saudade.

Atividade A

Laura está passeando com Ernesto. Enquanto eles caminham, ela lhe mostra pessoas e animais. Escreva uma frase em cada balão de diálogo para indicar o que Laura mostra a Ernesto.

1 _____

2 _____

Atividade B

Preencha os espaços para ajudar Laura a escrever um cartão-postal para sua amiga.

_____ Elena,

Eu estou me divertindo muito aqui e finalmente estou aprendendo um pouco de _____.

_____ a la gente! Há _____,

_____ e _____. ¡Mira las _____!

¡Mira el_____! ¡_____! Há

_____, _____ y _____.

Te _____.

Laura

Substantivos e números — Unidade 2

LIÇÃO 4
Gramática

> **DICA**
> Apesar de *agua* (água) ser um substantivo feminino, ele é usado com o artigo masculino: *el agua*. Isso ocorre porque se deve evitar a junção de duas vogais "a". Essa regra também vale para outras palavras que começam com a vogal a, como *águila* (águia), *hambre* (fome), e *alma*.

O singular e o plural dos substantivos

Existem quatro regras básicas para formar o plural dos substantivos:

- adicionar -s quando o substantivo termina em vogal: *casa/casas*.
- adicionar -es quando o substantivo termina em consoante: *túnel/túneles* (túnel/túneis).
- se o substantivo termina em -z, tira-se o -z, que se substitui por -ces: *luz/luces*.
- em geral, quando um substantivo singular tem acento na última sílaba, o acento cai para formar o plural: *canción/canciones* (canção/canções).

Atividade A
Escreva o plural dos substantivos.

1  hombre  _____

2  bolsa  _____

3 ![] lápiz _____

4  toro _____

Artigos definidos

Como em português, os artigos definidos em espanhol variam de acordo com o gênero e o número do substantivo.

el	(masculino, singular)
la	(feminino, singular)
los	(masculino, plural)
las	(feminino, plural)

Atividade B
Escreva o artigo definido de cada substantivo.

1 _____ niño
2 _____ calle
3 _____ perros
4 _____ mujeres
5 _____ lápiz
6 _____ autobús

Atividade C
Observe as imagens e escreva os substantivos e os artigos definidos correspondentes a cada uma delas.

1 _____

2 _____

3 _____

4 _____

Sua vez
Tente adivinhar os artigos corretos para cada substantivo.

1 _____ puerta (porta)
2 _____ cartas (cartas)
3 _____ árbol (árvore)
4 _____ barcos (barcos)
5 _____ basura (lixo)

LIÇÃO 5
La identificación

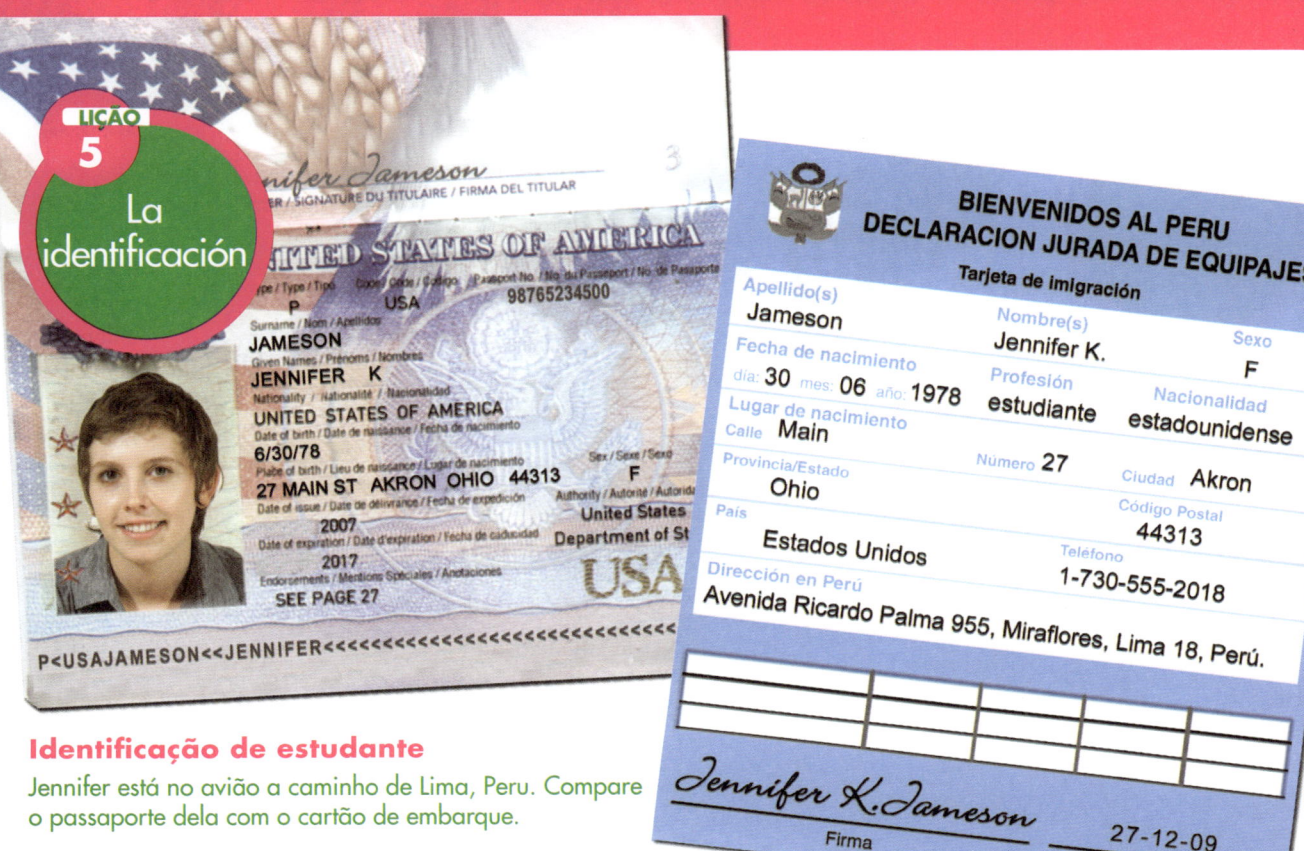

Identificação de estudante
Jennifer está no avião a caminho de Lima, Peru. Compare o passaporte dela com o cartão de embarque.

Atividade A
Relacione as palavras em espanhol com suas respectivas traduções.

1	dirección		a	a data de nascimento
2	calle		b	sobrenome
3	apellido		c	endereço
4	fecha de nacimiento		d	rua

DICA CULTURAL
Nos países de língua espanhola, assim como no Brasil, as datas são registradas na ordem dia/mês/ano. No caso de endereços, o número do prédio ou casa vem logo após o nome da rua, sem vírgulas ou qualquer outra anotação. Exemplo: *Avenida Brasil 987* (Avenida Brasil, nº 987).

Atividade B
Jennifer vai estudar espanhol em uma escola em Lima. Use as informações acima para informar seu endereço no formulário.

FORMA DE ADMISIONES
Universidad de las Lenguas

Dirección en Perú: _____

Calle: _____ Número: _____

Ciudad: _____ Estado: _____

Substantivos e números — Unidade 2

LIÇÃO 6
Palavras úteis

Atividade B
Leia os números de 1 a 30 em voz alta. Em seguida, relacione cada número abaixo à sua forma escrita.

1	diez	4	doce
6	uno	9	quince
13	treinta	12	catorce
18	seis	15	cuatro
10	trece	22	veintidós
30	dieciocho	14	nueve

Palavras essenciais
Los números (Números)

uno	1	doce	12
dos	2	trece	13
tres	3	catorce	14
cuatro	4	quince	15
cinco	5	dieciséis	16
seis	6	diecisiete	17
siete	7	dieciocho	18
ocho	8	diecinueve	19
nueve	9	veinte	20
diez	10	treinta	30
once	11		

Datos personales (Dados pessoais)

la avenida	a avenida
la calle	a rua
la dirección	o endereço
el teléfono	o telefone

Atividade C
Passe para o português as seguintes informações.

1 Calle catorce

   _____

2 Ave. Margarita, número veintisiete

   _____

3 Tel. uno-siete-ocho, tres-siete-cinco, cuatro-dos-uno-nueve

   _____

4 C.P. uno-uno-nueve-dos-seis

   _____

Atividade A
Identifique a sequência das palavras *dieciséis, diecisiete* e *veintiuno, veintidós, veintitrés*. Depois, complete as lacunas com os números em espanhol.

quince, dieciséis, diecisiete, _____, _____, veinte

veintiuno, veintidós, veintitrés, _____, _____, _____, _____, _____, _____, treinta

DICA
Atenção para a placa. Perceba que algumas abreviações em espanhol são semelhantes às do português. Não há como se perder!

avenida	Ave.
número	No.
código postal	C.P.
teléfono	tel.

DICA CULTURAL
Na Espanha e em outros países falantes de espanhol, você vai usar seu *teléfono móvil* quando quiser falar no celular.

LIÇÃO 7
Frases úteis

Frases essenciais

¿Cuál es su número de teléfono? Qual é seu número de telefone?

¿Cuál es su dirección? Qual é o seu endereço?

¿Cuál es su fecha de nacimiento? Qual é sua data de nascimento?

Mi dirección es ___. Meu endereço é ___.

Mi fecha de nacimiento es ___. Minha data de nascimento é ___.

Mi teléfono es ___. Meu telefone é ___.

¿Dónde vive? Onde você mora?

DICA

Para perguntar o e-mail de alguém, diga: ¿*Cuál es su dirección de correo electrónico?*. A resposta deve ser: *Mi dirección de correo electrónico es...*

Atividade A

Escreva seu *nombre, fecha de nacimiento, dirección* e *número de teléfono* em espanhol.

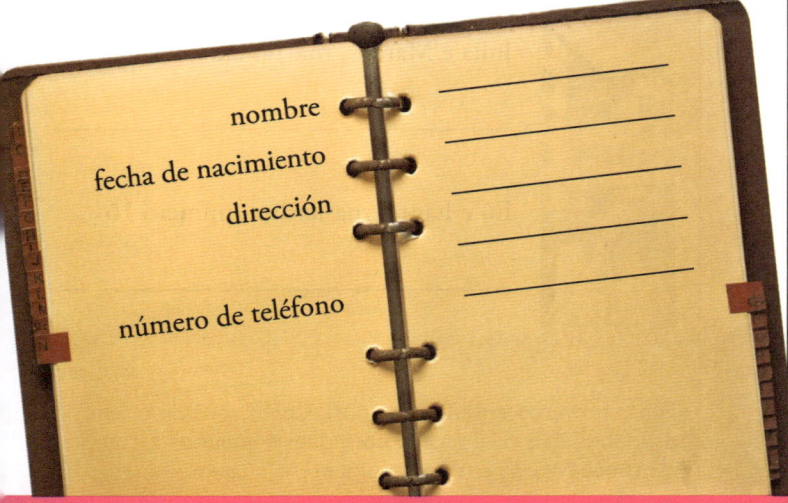

Atividade B

O que Karina pergunta a Pedro? Circule a resposta correta.

1
  ¿Dónde vive?
  a o lugar em que ele vive
  b o lugar em que ele trabalha

2
  ¿Cuál es su dirección?
  a o lugar onde ele mora
  b o telefone dele

3
  ¿Cuál es su número de teléfono?
  a o telefone dele
  b a data de nascimento dele

4
  ¿Cuál es su fecha de nacimiento?
  a o telefone dele
  b a data de nascimento dele

Substantivos e números Unidade 2 25

LIÇÃO 8
Gramática

Presente dos verbos regulares

Em espanhol, as terminações dos verbos regulares no infinitivo são: *-ar*, *-er* ou *-ir*. Observe nesta página como se conjugam no presente os verbos terminados em *-ar* e *-ir*. Você vai aprender os verbos terminados em *-er* na próxima unidade.

Verbos terminados em *-ar*

Retire *-ar* e acrescente a terminação apropriada para cada pronome. Veja o exemplo com o verbo *estudiar* (estudar).

yo	estud**io**	eu estudo
tú	estudi**as**	você estuda (inf.)
usted	estudi**a**	você estuda
él/ella	estudi**a**	ele/ela estuda
nosotros/nosotras	estudi**amos**	nós estudamos
ustedes	estudi**an**	vocês estudam
ellos/ellas	estudi**an**	eles/elas estudam

Exemplos Yo estudio. Eu estudo.
Nosotros estudiamos. Nós estudamos.

Atividade A

Conjugue o verbo *estudiar* no presente.

yo _____
tú _____
él/ella _____
usted _____
nosotros/nosotras _____
ustedes _____
ellos/ellas _____

DICA

Quando você enumera uma série de coisas, deve usar a conjunção *y* (e). Por exemplo: *Estudio francés, inglés y español* (Eu estudo francês, inglês e espanhol).

Verbos com *-ir*

Retire *-ir* e acrescente a terminação apropriada para cada pronome. Veja o exemplo com o verbo *vivir* (viver/morar).

yo	viv**o**	eu vivo
tú	viv**es**	você vive (inf.)
usted	viv**e**	você vive
él/ella	viv**e**	ele/ela vive
nosotros/nosotras	viv**imos**	nós vivemos
ustedes	viv**en**	vocês vivem
ellos/ellas	viv**en**	eles/elas vivem

Exemplos Tú vives. Você vive. (inf., sing.)
Ustedes viven. Vocês vivem. (pl.)

Atividade B

Conjugue o verbo *vivir* no presente.

yo _____
tú _____
él/ella _____
usted _____
nosotros/nosotras _____
ustedes _____
ellos/ellas _____

Atividade C

Observe as fotos. Escreva, em espanhol, onde cada pessoa mora. Certifique-se de usar a conjugação apropriada de *vivir*.

João, rua Ipiranga, número 10
_____

Júlia e Marcos, rua Taubaté, número 24
_____

Eu e Laura, rua Jardim, número 16
_____

Sua vez

Pense no verbo *enseñar* (ensinar). Como você diria, em espanhol, que você ensina português e italiano? E como diria que Marisa ensina português?

Unidade 2 — Revisão

Atividade A
Quantos você consegue contar? Use o plural quando necessário.

1  _____

2  _____

3  _____

4  _____

Atividade B

Javier Colón Rua Amália, 25	482 913 7391
Eduardo González Rua das Flores, 15	+44 828 227 1984
Andrea Rodríguez Avenida Acácias, 8	+44 20 2278 3625
Claudia e Pablo Banderas Rua Estado, 30	716 548 3549

Use o caderno de endereços para responder às seguintes questões.

1. ¿Dónde vive Andrea?
2. ¿Cuál es el número de teléfono de Javier? (dê os números por extenso)
3. ¿Dónde viven Claudia y Pablo Banderas?
4. ¿Cuál es el número de teléfono de Andrea?
5. ¿Dónde vive Javier?

Atividade C
Dê os artigos corretos para cada substantivo. Fique atento para a concordância de gênero e número! Depois, elabore uma frase com *¡Mira!* para mostrar cada um dos itens.

1 ____ pájaros   3 ____ autobús
2 ____ mujeres   4 ____ dirección

> **Desafio**
> Procure em um dicionário os verbos *caminar* e *sufrir*. Escreva duas frases para cada verbo usando os pronomes *él* e *ellos*.

Atividade D
Você acabou de chegar ao escritório do Instituto de Línguas Sancho para estudar espanhol. Laura, a recepcionista, precisa de algumas informações básicas. Ela não entende português, então você precisa responder em espanhol. Complete o diálogo.

Laura ¡Hola! ¿Cómo se llama?
Usted _____
Laura Bien, ¿cuál es su número de teléfono?
Usted _____
Laura ¿Cuál es su dirección?
Usted _____
Laura ¿Y el código postal?
Usted _____
Laura Por último, ¿cuál es su fecha de nacimiento?
Usted _____
Laura ¡Excelente! Bienvenido al Instituto de Idiomas Sancho.
Usted _____

Unidade 3 — Hora e data

Nesta unidade você aprenderá:
- a dizer *la hora* (a hora) e *la fecha* (a data).
- os números a partir de 31.
- a conjugar os verbos regulares terminados em *-er*.
- o verbo irregular *hacer* (fazer).

LIÇÃO 1 — ¿Qué hora es?

Diálogo

Diana e Juan estão assistindo a um jogo de futebol. Ouça a conversa dos dois sobre a hora, sobre quanto tempo falta para a partida acabar, quanto tempo dura o jogo e qual é o placar.

Diana ¿Qué hora es?
Juan Son las seis y treinta y cinco.
Diana ¡Es temprano! ¿Cuánto tiempo falta en el juego?
Juan Faltan cincuenta y cinco minutos. El juego dura noventa minutos.
Diana ¿Cuál es el marcador?
Juan Rayados 1, Blancos 0.

Atividade A
Dê a resposta correta em espanhol.

1. Que horas são?
   _____

2. Quanto tempo falta de jogo?
   _____

3. Quanto tempo dura o jogo?
   _____

4. Que time está ganhando?
   _____

Atividade B
Corrija a ordem do diálogo. Enumere as frases de 1 a 4.

Son las seis y treinta y cinco. #

¡Es temprano! ¿Cuánto tiempo falta en el juego? #

Faltan cincuenta y cinco minutos. #

¿Qué hora es? #

DICA CULTURAL
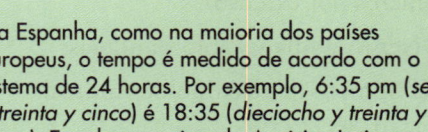

Na Espanha, como na maioria dos países europeus, o tempo é medido de acordo com o sistema de 24 horas. Por exemplo, 6:35 pm (*seis y treinta y cinco*) é 18:35 (*dieciocho y treinta y cinco*). Em alguns países da América Latina a hora é lida de acordo com o sistema de 12 horas.

LIÇÃO 2
Frases úteis

Frases essenciais

¿Qué hora es?	Que horas são?
Son las dos de la mañana.	São duas horas da manhã.
Es la una de la mañana.	É uma hora da manhã.
Son las dos de la tarde.	São duas horas da tarde.
Son las diez de la noche.	São dez horas da noite.
Son las siete y media.	São 7:30.
Son las seis y cuarto.	São 6:15.
Son las siete menos cuarto.	São quinze para as sete.
¡Es tarde!	É tarde!
¡Es temprano!	É cedo!

Atividade A
Observe os relógios abaixo e escreva as horas de cada um deles.

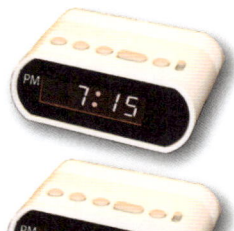

Exemplo
Son las siete y cuarto.

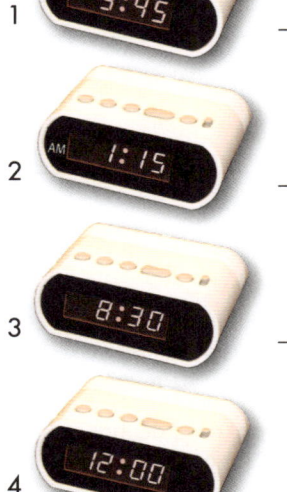

1 3:45 _____

2 1:15 _____

3 8:30 _____

4 12:00 _____

Atividade B
Você deveria encontrar um amigo *a las ocho en punto* (às oito da noite em ponto). Veja as horas e diga se está cedo ou tarde. Escreva *¡Es temprano!* ou *¡Es tarde!*.

1 Son las siete menos cuarto. _____

2 Son las ocho y cuarto. _____

3 Son las siete y media. _____

4 Son las nueve. _____

Atividade C
O que você diz quando quer...

1 perguntar as horas?
   _____

2 dizer que é cedo?
   _____

3 dizer que está tarde?
   _____

4 dizer que são duas horas da manhã?
   _____

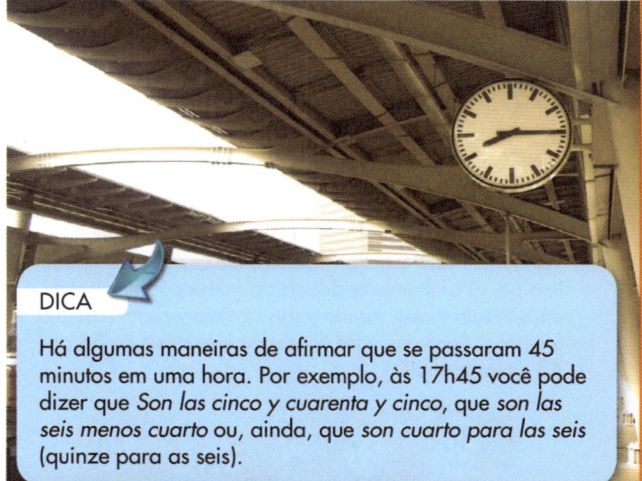

DICA

Há algumas maneiras de afirmar que se passaram 45 minutos em uma hora. Por exemplo, às 17h45 você pode dizer que *Son las cinco y cuarenta y cinco*, que *son las seis menos cuarto* ou, ainda, que *son cuarto para las seis* (quinze para as seis).

LIÇÃO 3
Palavras úteis

Palavras essenciais

El tiempo (Hora)

la hora	hora
el minuto	minuto
el segundo	segundo
en punto	em ponto

Los números (Números)

treinta y uno	trinta e um
treinta y dos	trinta e dois
treinta y tres	trinta e três
treinta y cuatro	trinta e quatro
treinta y cinco	trinta e cinco
cuarenta	quarenta
cincuenta	cinquenta
sesenta	sessenta

Palavras extras

la media	meia
el cuarto	um quarto, quinze

DICA

A separação entre dezenas e unidades na expressão dos números acontece em momentos diferentes no espanhol e no português. Veja só: em português dizemos vinte e um, enquanto em espanhol se diz *veintiuno* – sem separar palavras de dezena e unidade. Isso passa a acontecer depois do número trinta: *treinta y uno, treinta y dos, treinta y tres, treinta y cuatro, treinta y cinco*... Será que você consegue enumerar do 36 ao 40 em espanhol?

Atividade A

Escreva os seguintes números por extenso.

1 44 _____
2 32 _____
3 67 _____
4 58 _____

Atividade B

¿Cuánto tiempo falta? O show começa *a las ocho en punto*. Quanto tempo falta para começar? Responda, escrevendo por extenso. Use *falta* para o singular e *faltan* para o plural. Lembre-se de usar o plural de *hora* e *minuto* quando necessário.

Exemplo

Falta una hora   Faltan veinte minutos.
y quince minutos.

¿Cuánto tiempo falta?

1

2

3

4 (7:59) _____

Sua vez

São 4h12 pm e você está assistindo a uma partida de futebol. O primeiro tempo começou às 4 da tarde e durou 45 minutos. Você olha as horas a cada dez minutos.

Diga a hora e quantos minutos faltam para acabar o primeiro tempo a cada vez que você olha o relógio. Comece às 16h12.

LIÇÃO 4 — Gramática

Presente dos verbos regulares

Verbos com -er

Para conjugar os verbos regulares terminados em -er, como ver (ver), retire o -r e acrescente as seguintes terminações:

yo	v**eo**	eu vejo
tú	v**es**	você vê (inf.)
usted	v**e**	você vê
él/ella	v**e**	ele/ela vê
nosotros/nosotras	v**emos**	nós vemos
ustedes	v**en**	vocês veem
ellos/ellas	v**en**	eles/elas veem

Exemplos   Él ve.   Ele vê.
              Ellas ven.   Elas veem.

Atividade A
Complete o exercício abaixo com a conjugação do verbo *ver* no presente.

yo _____

tú _____

él/ella _____

usted _____

nosotros/nosotras _____

ustedes _____

ellos/ellas _____

Atividade B
Escreva a forma correta de cada verbo terminado em -er.

1  ver   Yo _____

2  leer   Ella _____

3  comer   Nosotros _____

4  correr   Ellas _____

Sua vez
Escreva o que está acontecendo na foto.

(comer, beber, agua, pastel)

_____
_____

LIÇÃO 5
Los quehaceres

lavar la ropa

llamar a Francisco

hacer los deberes
barrer el suelo
hacer ejercicio

Coisas a fazer
Julia está pensando sobre o que ela precisa fazer hoje. Observe as imagens e suas legendas.

Atividade A

Escolha a resposta correta para cada questão.

1. Qual é a primeira coisa que Julia precisa fazer?
   - a lavar roupas
   - b fazer a lição de casa
2. Que palavra acompanha o verbo "barrer"?
   - a ropa
   - b suelo
3. Que expressão significa "fazer lição de casa"?
   - a hacer los deberes
   - b hacer ejercicio
4. Que palavra significa "coisas a fazer"?
   - a barrer
   - b quehaceres
5. O que Julia vai fazer depois de telefonar?
   - a ejercicio
   - b los deberes

Los quehaceres
lavar la ropa
barrer el suelo
hacer los deberes
llamar a Francisco
hacer ejercicio

DICA

O verbo *llamar* (ligar) é seguido da preposição *a*, antes do nome da pessoa que receberá a chamada. *Jorge llama a Lola* (Jorge liga para Lola), por exemplo. Cuidado para não confundir com o português! Em alguns países, *ligar* – como dizemos aqui, no Brasil – significa paquerar!

Atividade B

Escreva a tarefa que cada figura representa.

1 _____

3 _____

2 _____

4 _____

LIÇÃO 6
Palavras úteis

Palavras essenciais

Días de la semana (Dias da semana)

el lunes	segunda-feira
el martes	terça-feira
el miércoles	quarta-feira
el jueves	quinta-feira
el viernes	sexta-feira
el sábado	sábado
el domingo	domingo

Meses del año (Meses do ano)

enero	janeiro
febrero	fevereiro
marzo	março
abril	abril
mayo	maio
junio	junho
julio	julho
agosto	agosto
septiembre	setembro
octubre	outubro
noviembre	novembro
diciembre	dezembro

DICAS

- Como no Brasil, na Espanha o dia vem antes do mês na indicação de datas. Assim, 10 de novembro = 10/11 ou 10 de noviembre.
- Se quiser falar de uma atividade que você pratica regularmente – por exemplo, "toda segunda" –, coloque o artigo definido masculino antes do dia da semana: *los lunes* significa às segundas – e assim por diante.
- Para dizer os anos: 1999 = *mil novecientos noventa y nueve*; 2000 = *dos mil*; 2009 = *dos mil nueve*.

Atividade A
Observe a agenda semanal de Ignacio e responda às questões.

AGENDA

lunes	hacer ejercicio
martes	barrer el suelo
miércoles	hacer los deberes
jueves	hacer ejercicio
viernes	llamar a Daniela
sábado	hacer los deberes
domingo	lavar la ropa

1 Que dia Ignacio vai varrer o chão? _____
2 Que dia Ignacio vai fazer esportes? _____ y _____
3 Que dia Ignacio vai ligar para Daniela? _____
4 Que dia Ignacio vai fazer a lição de casa? _____ y _____
5 Que dia Ignacio vai lavar roupas? _____

Atividade B
Escreva as datas abaixo em espanhol.

Exemplo: quinta, 24/2   ___jueves, 24 de febrero___

1 segunda-feira, 17/11   _____
2 sábado, 5/6   _____
3 quarta-feira, 21/9   _____
4 sexta-feira, 8/4   _____
5 terça-feira, 31/1   _____
6 domingo, 12/8   _____
7 quinta-feira, 25/3   _____
8 domingo, 14/10   _____
9 segunda-feira, 29/5   _____
10 terça-feira, 2/12   _____
11 sexta-feira, 15/7   _____
12 quarta-feira, 18/2   _____

LIÇÃO 7
Frases úteis

DICA DE PRONÚNCIA

O *ñ* é uma letra que você só vai ver em espanhol. Lembre-se da pronúncia dela: é como o nh, em português! Repita em voz alta: *niño, año, mañana*.

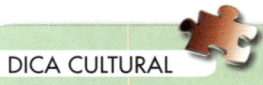

niño

Frases essenciais

¿Qué día es hoy? Que dia é hoje?
(Hoy) Es martes. (Hoje) é terça-feira.
¿Cuál es la fecha de hoy? Qual é a data de hoje?
¿En qué mes estamos? Em que mês estamos?
¿En qué año estamos? Em que ano estamos?

DICA CULTURAL

Uma data importante para se lembrar na maioria dos países do mundo é o *cumpleaños* (aniversário). Na Espanha e em alguns países latino-americanos, depois de desejar *¡Feliz cumpleaños!* a alguém, é comum dar um puxão de orelha para cada ano vivido pelo aniversariante. Para descobrir o aniversário de alguém, pergunte ¿*Cuándo es su cumpleaños?*

Atividade A
Circule a resposta correta.

1 ¿Qué día es hoy?
   a enero
   b Hoy es martes.

2 ¿En qué mes estamos?
   a lunes
   b diciembre

3 ¿Cuál es la fecha de hoy?
   a Hoy es 14 de julio del 2009.
   b Hoy es miércoles.

4 ¿En qué año estamos?
   a 23 de agosto
   b 2009

Atividade B
Escreva as perguntas para completar o minidiálogo.

1 ¿_____? Hoy es miércoles.

2 ¿_____? 18 de junio

3 ¿_____? abril

4 ¿_____? 2010

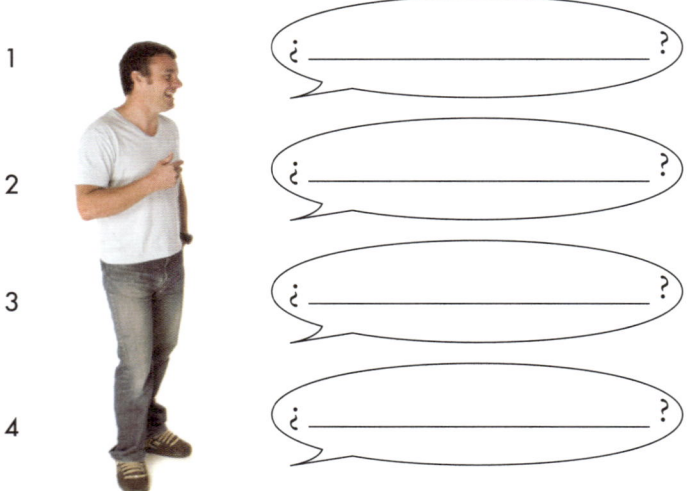

34 Unidade 3 Hora e data

LIÇÃO 8
Gramática

O verbo *hacer* (fazer)
O verbo *hacer* é irregular. Veja abaixo sua conjugação no presente.

yo	hago	eu faço
tú	haces	você faz (inf.)
usted	hace	você faz
él/ella	hace	ele/ela faz
nosotros/nosotras	hacemos	nós fazemos
ustedes	hacen	vocês fazem
ellos/ellas	hacen	eles/elas fazem

Atividade A
Complete as frases com a forma correta do verbo *hacer*.

1 Tú _____ ejercicio el lunes.

2 María _____ ejercicio el martes.

3 Carmelo y Lolita _____ ejercicio el miércoles.

4 Isabel y yo _____ ejercicio los jueves.

DICAS CULTURAIS

- Na maioria dos países de língua espanhola, "lavar a roupa" é *lavar la ropa* – muito parecido. No entanto, na Espanha, diz-se *hacer la colada*.

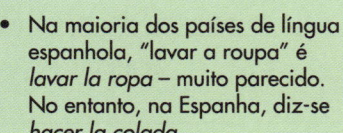

- Na hora de fazer a lição de casa, você pode *hacer los deberes* ou *hacer la tarea* – depende do país hispânico em que você está!

Atividade B
¿Qué hacen estas personas? Relacione cada imagem com a frase correspondente.

1 Él hace café. _____

2 Ellos hacen un plan. _____

3 Ella hace un pastel. _____

a   b   c

Sua vez
Elabore frases sobre o que você faz aos sábados e domingos. Certifique-se de conjugar corretamente o verbo *hacer*.

_____

_____

_____

_____

_____

_____

_____

Hora e data — Unidade 3 — 35

Unidade 3 — Revisão

Atividade A
Escolha as atividades do quadro para dizer o que Irene faz a cada hora do dia. Use os verbos na terceira pessoa do singular (ella) e não se esqueça de incluir *la mañana, la tarde* e *la noche*.

> barrer el suelo   hacer ejercicio   hacer los deberes
> llamar a Pedro   lavar la ropa

1  Irene hace los deberes a las doce y media de la tarde.

2  _____

3  _____

4  _____

5  _____

Atividade B

Observe os cronômetros abaixo. Diga quanto tempo falta para o jogo terminar.

Exemplo 1:31:02   Falta una hora, treinta y un minutos y dos segundos.

1 2:34:13   _____
2 0:0:27   _____
3 0:12:39   _____

Atividade C
Ignacio perdeu sua agenda e esqueceu o que precisa fazer em fevereiro. Observe o calendário e responda às perguntas.

febrero						
lunes	martes	miércoles	jueves	viernes	sábado	domingo
1	2	3 barrer el suelo	4	5	6	7
8	9	10	11	12	13 hacer los deberes	14
15 llamar a Felipe	16	17	18	19	20	21 hacer ejercicio
22	23 lavar el carro	24	25	26	27	28

Para que dias Ignacio marcou suas atividades? Escreva a data em espanhol na sequência: dia da semana/ dia/mês.

Exemplo varrer o chão
miércoles, tres de febrero

1 fazer exercício
_____

2 fazer a lição de casa
_____

3 lavar o carro
_____

4 ligar para Felipe
_____

Desafio
Escreva um parágrafo sobre um(a) amigo(a). Diga o que ele(a) estuda e o que ele(a) costuma fazer durante a semana.

Unidade 4 Família

Nesta unidade você aprenderá:
- a apresentar sua família e conversar sobre seus parentes.
- a usar pronomes possessivos e demonstrativos.
- a usar os artigos indefinidos.
- o verbo irregular *tener* (ter).

LIÇÃO 1 — Foto de familia

Carla y sus padres
Pedro
Patricia
Juan y Mónica

Diálogo

Carla e Sam estão conversando sobre a família deles. Carla está mostrando a Sam fotos de sua família e dizendo a ele quem é quem.

Sam   ¿Qué tan grande es su familia, Carla?

Carla Somos siete en la familia. Mire nuestras fotos.

Sam   ¡Qué bonita familia! Esa es usted y esos son sus padres, ¿verdad?

Carla Ella es mi madre y él es mi padre. Mire esta foto. Esta niña es mi hermana, Patricia.

Sam   Y, ¿son estos sus hermanos?

Carla Sí. Este es mi hermano Juan. Él es el mayor. Este es Pedro. Mi hermano menor.

Sam   ¿Quién es ésta?

Carla Esta es Mónica, la esposa de Juan.

Atividade A

Circule **V** para verdadeiro e **F** para falso.

1 Há menos de cinco pessoas na família de Carla. **V / F**
2 Patricia é irmã de Carla. **V / F**
3 Carla tem três irmãos. **V / F**
4 Monica é mãe de Carla. **V / F**

Atividade B

Leia as frases abaixo. Circule a imagem que representa cada frase.

1 Este es mi padre.   a   b
2 Esta es mi hermana.   a   b
3 Esa es mi madre.   a   b
4 Estos son mis hermanos.   a   b
5 Esa es la esposa de Juan.   a   b

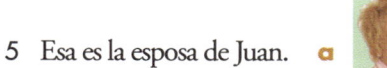

DICAS CULTURAIS

- Há muitas maneiras de dizer "mãe" e "pai" em espanhol. Algumas delas variam de acordo com as regiões. Você pode chamar sua mãe de *madre*, *mamá*, *má* ou *mami*; e pode chamar seu pai de *padre*, *papá*, *pá* ou *papi*.
- A forma mais comum de se referir a "esposo" e "esposa" são *esposo* e *esposa* (igual ao português!), mas você também pode ouvir as palavras *marido* e *mujer*. São termos mais comuns em documentos oficiais e cerimônias religiosas.

LIÇÃO 2
Palavras úteis

Palavras essenciais

el esposo	esposo
la esposa	esposa
la familia	família
el hermano	irmão
la hermana	a irmã
los hermanos	os irmãos
el hijo	o filho
la hija	a filha
la madre	mãe
el padre	pai
los padres	pais

Palavras extras

el mayor	mais velho
el menor	mais novo

Árvore genealógica de Juan

Tomás — Mariana
Juan — Raquel — Pablo

DICAS

Há duas maneiras de expressar posse em espanhol:
- usando pronomes possessivos, como *mi* (meu). Você vai aprender esses pronomes na próxima lição.
- usando o artigo definido + substantivo + *de*. Por exemplo: *O esposo de María*.

Atividade A

Observe a árvore genealógica da família de Juan e complete a descrição dele. A primeira lacuna já está preenchida.

Somos cinco personas en mi ___familia___ . Tomás
                              família

es mi _____ . Mi _____ se
         pai   mãe

llama Mariana. Raquel es mi _____ .
                                 irmã

Pablo es el _____ de Raquel.
              marido

Atividade B

Circule a palavra correta para completar a frase.

1. Juan y Raquel son **hermanos** padres.

2. Juan es el **hermano** padre de Raquel.

3. Mariana es la **madre** padre de Juan.

4. Tomás es el **hijo** padre de Juan y Raquel.

5. Mariana y Tomás son los hermanos **padres** de Juan y Raquel.

6. Juan es el esposo **hijo** de Mariana y Tomás.

7. Raquel es la **hija** hijo de Mariana y Tomás.

8. Juan y Raquel son los esposos **hijos** de Mariana y Tomás.

9. Raquel es la esposo **esposa** de Pablo.

10. Pablo es el **esposo** hermano de Raquel.

LIÇÃO 3
Frases úteis

Frases essenciais

¿Qué tan grande es su familia?	Sua família é grande?
Somos _____ en la familia.	Somos _____ (na família).
Mi familia es grande/pequeña.	Minha família é grande/pequena.
¡Qué bonita familia!	Que família bonita!
¡Qué familia tan grande/pequeña!	Que família grande/pequena!

Atividade A
Coloque as frases em ordem para criar um diálogo.

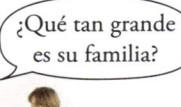

#1 — ¿Qué tan grande es su familia?
— No. Mi familia es pequeña. Somos cuatro personas.
— Sí, mi familia es grande. Y, ¿es grande su familia?
— ¡Qué familia tan grande!
— Somos ocho en la familia.

Atividade B
Escreva uma frase para dizer se as famílias são grandes ou pequenas.

1 _____

2 _____

3 _____

4 _____

Sua vez
Use o vocabulário e as frases que você acabou de aprender para falar sobre sua família. É uma família grande ou pequena? Você tem irmãos e irmãs? Se sim, quantos?

Família Unidade 4 39

LIÇÃO 4

Gramática

Pronomes possessivos

Os pronomes possessivos concordam apenas em número com os substantivos a que se referem. Apenas a forma plural *nuestro/nuestra* também concorda em gênero.

Singular	Plural	Português
mi	mis	meu
tu	tus	teu
su	sus	seu, dele/dela
nuestro/nuestra	nuestros/nuestras	nosso/nossa
su	sus	seus
su	sus	deles/delas

Exemplos

Él es mi hermano. — Ele é meu irmão.
Ellas son sus hermanas. — Elas são suas irmãs.
Su familia es grande. — Sua família é grande.
Nuestra madre se llama Karen. — Nossa mãe se chama Karen.

Atividade A

Usando os pronomes entre parênteses, preencha as lacunas com o pronome possessivo correto.

1. Ella es _____ madre. (1ª pess., sing.)
2. ¿Es él _____ hermano? (2ª pess., sing., inf.)
3. _____ familia es pequeña. (2ª pess., sing., form.)
4. Ellas son _____ hermanas. (1ª pess., sing.)
5. ¿Son ellos _____ padres? (2ª pess., sing., inf.)
6. Los hombres son _____ hermanos. (2ª pess., sing., form.)
7. _____ casa es grande. (1ª pess., pl.)
8. Los niños son _____ hijos. (1ª pess., pl.)

Pronomes demonstrativos

Os pronomes demonstrativos concordam em gênero e número com o substantivo.

Singular	Português	Plural	Português
este/esta	este/esta	estos/estas	estes/estas
ese/esa	esse/essa	esos/esas	esses/essas

Atividade B

Leia as frases abaixo e escreva a letra da imagem correspondente a cada uma delas.

1. Estas son mis hijas. _____
2. Ese es mi carro. _____
3. Este es mi padre. _____
4. Esa es mi casa. _____
5. Esta es mi madre. _____
6. Estos son mis padres. _____
7. Esos son mis perros. _____
8. Estos son mis hijos. _____

DICA

Na Espanha, utilizam-se os pronomes *vuestro/vuestra* como plural informal de "seus".

LICÃO 5
Árbol de familia

Carmen (abuela) — **Gabriel** (abuelo)

Catherine (tía) — **Esteban** (tío) **Luci** (madre) — **Carlos** (padre)

Gustavo (primo) **Adela** (prima) **Paulina** **Lucas** (hermano) — **Nadia** (cuñada)

Javier (sobrino) **Jacinta** (sobrina)

Árvore genealógica
Paulina Márquez acabou de criar a árvore genealógica de sua família. Observe-a e leia os parentescos em voz alta.

Atividade A
Descreva o parentesco existente entre cada pessoa e Paulina.

1 Gabriel es _____

2 Luci es _____

3 Adela es _____

4 Jacinta es _____

Atividade B
Você pode dizer quem é quem na família de Paulina? Dê o grau de parentesco de cada uma das pessoas retratadas abaixo.

DICA CULTURAL
Em alguns países hispânicos, as famílias tendem a viver muito próximas. As vezes, a família – incluindo avós, tias, tios e primos – vive bem unida e os filhos não saem de casa antes do casamento. Mesmo assim, em alguns casos, eles continuam vivendo juntos! Parece com a sua família?

1 _____   2 _____   3 _____   4 _____

Família Unidade 4 41

LIÇÃO 6
Palavras úteis

Palavras essenciais

la abuela	a avó
el abuelo	o avô
la tía	a tia
el tío	o tio
el primo	o primo
la prima	a prima
el nieto	o neto
la nieta	a neta
el sobrino	o sobrinho
la sobrina	a sobrinha

Vocabulário extra

el suegro	o sogro
la suegra	a sogra
el cuñado	o cunhado
la cuñada	a cunhada
el yerno	o genro
la nuera	a nora

Atividade A
Relacione a palavra em espanhol com sua equivalente em português.

> tía   nieto   prima   sobrino   abuelos   abuelo

1 prima _____
2 sobrinho _____
3 tia _____
4 neto _____
5 avô _____
6 avós _____

Atividade B
Qual é o seu grau de parentesco com essas pessoas? Complete as frases circulando as respostas corretas.

1 La hermana de mi mamá es mi...
   a tía   b sobrina

2 El hijo de mi tía es mi...
   a primo   b prima

3 La madre de mi padre es mi...
   a abuelo   b abuela

4 El primo de mi hijo es mi...
   a sobrino   b nieto

5 El padre de mi padre es mi...
   a abuelo   b madre

6 La sobrina de mi padre es mi...
   a primo   b prima

> **DICA**
> Você pode acrescentar o sufixo -astro ou -astra aos nomes das pessoas que passam a fazer parte da família: hermanastro, hermanastra, hijastro/hijastra, padrastro, madrastra (meio-irmão, meia-irmã, enteado/enteada, padrasto/madrasta etc.).

Unidade 4 — Família

LIÇÃO 7 — Frases úteis

DICA

Normalmente, usa-se *te quiero* para expressar amor por familiares e amigos. *Te amo*, por sua vez, fica reservado apenas para parceiros amorosos. Lembre-se de que nessas situações usamos o *tú*, e não o *usted*.

(Te amo.)

Frases essenciais

¿Tienes parientes?	Você tem parentes?
¿Es unida su familia?	Sua família é unida?
Tengo una familia unida.	Tenho uma família unida.
¿Eres casado/casada?	Você é casado(a)?
Soy soltero/soltera.	Sou solteiro(a).
Quiero a mi familia.	Eu amo minha família.
Te quiero/amo.	Te amo.

Atividade A
Relacione as perguntas às respostas corretas.

1 ¿Es muy unida su familia?   No, soy casada. Ese es mi esposo.

2 ¡Su hermano es muy guapo! ¿Es casado?   Sí, mi familia es muy unida.

3 ¿Tiene parientes?   No, es soltero.

4 ¿Es usted soltera?   Sí, tengo una familia muy grande.

Atividade B
O que você diz quando quer...

1 dizer a seu marido/sua esposa que você o/a ama?
_____

2 dizer a sua mãe que você a ama?
_____

3 dizer a alguém que sua família é unida?
_____

4 perguntar a uma pessoa se ela é casada?
_____

Sua vez
Agora fale sobre você e sua família. Você é solteiro(a) ou casado(a)? Quem é casado em sua família? Quem é solteiro?

Família — Unidade 4

LIÇÃO 8
Gramática

Artigos indefinidos

Existem quatro artigos indefinidos em espanhol, e eles devem concordar com o substantivo em gênero e número.

un	um	(masc., sing.)
una	uma	(fem., sing.)
unos	uns	(masc., pl.)
unas	umas	(fem., pl.)

Atividade A

Escreva o substantivo e o artigo indefinido referentes a cada imagem.

1 _____

2 _____

3 _____

4 _____

O verbo *tener* (ter)

O verbo tener é irregular. Observe a tabela e veja sua conjugação no presente.

yo	tengo	I have
tú	tienes	you have
usted	tiene	you have
él/ella	tiene	he/she has
nosotros/nosotras	tenemos	we have
ustedes	tienen	you have
ellos/ellas	tienen	they have

Exemplos

Él tiene una prima.   Ele tem uma prima.
Nosotros tenemos un tío.   Nós temos um tio.

Atividade B

Escreva uma frase usando a forma correta do verbo *tener*.

1 tú, Hermano _____

2 yo, primo _____

3 ellos, tías _____

4 ustedes, sobrinas _____

Sua vez

Responda às questões a seguir sobre sua família.

1 ¿Tiene tíos? _____

2 ¿Tiene sobrinos? _____

3 ¿Tienen hijos sus tíos? _____

4 ¿Tienen hijos sus primos? _____

> **DICA**
>
> O verbo *tener* pode ser traduzido como "estar com" ou "ter". Por exemplo: *Tengo hambre* (estou com fome/tenho fome); *Tengo sed* (estou com sede/tenho sede); *Tengo ganas de salir* (estou com vontade de sair/tenho vontade de sair). Você consegue adivinhar como se diz "estou com frio" (*frío*)?

Unidade 4 — Revisão

Atividade A
A família Valdez está dando uma festa para o *abuelo* Alfonso. Gisela levou seu novo namorado, Carlos, e está mostrando a ele os membros de sua família. Complete o diálogo entre Gisela e Carlos sobre os convidados.

Gisela Este es mi _____, Alfonso. Y
_{avô}

esta es mi _____, Ramona.
_{avó}

Carlos ¿Quién es esta mujer?

Gisela Ella es mi _____, Pía, y este es
_{prima}

su _____, Pepe.
_{irmão}

Carlos ¿Es esta tu _____?
_{mãe}

Gisela No, esa es mi _____, Consuelo.
_{tia}

Pía y Pepe son sus _____.
_{filhos}

Carlos ¿Es esta tu madre?

Gisela No, esta es mi _____ Linda,
_{tia}

_____ de mi _____ José.
_{a esposa} _{tio}

Él es _____ de mi _____.
_{o irmão} _{pai}

Carlos Tu _____ es grande. Y, ¿dónde está
_{família}

tu madre?

Gisela Mis _____ no están en la fiesta.
_{pais}

Atividade B
Diga qual é a relação de parentesco que cada uma dessas pessoas tem com Gisela. Não se esqueça de usar o pronome possessivo.

Exemplo Alfonso es su abuelo.

1 Ramona _____
2 Pía y Pepe _____
3 Consuelo y Linda _____
4 José _____

Atividade C
Durante a festa, José faz perguntas a Carlos sobre sua família. Complete o diálogo com as respostas de Carlos.

José ¿Es su familia grande o pequeña?
Carlos _____
José ¿Tiene hermanos?
Carlos _____
José ¿Tiene tíos?
Carlos _____

Atividade D
Agora Carlos está fazendo perguntas a Alfonso sobre sua família. Complete o diálogo com os pronomes demonstrativos corretos.

Carlos ¿Es _____ su nieto?
_{aquele}

Alfonso No, _____ es mi nieto.
_{este}

Carlos ¿Quién es _____?
_{aquela}

Alfonso _____ es mi sobrina.
_{Aquela}

Carlos ¡ _____ son sus hijas!
_{Essas}

Alfonso No, _____ son mis primas.
_{essas}

Atividade E
Escreva uma frase para cada imagem dizendo quantas crianças há em cada família.

1 _____   2 _____

3 _____   4 _____

Família — Unidade 4

Unidade 5 — Refeições

Nesta unidade você aprenderá:
- a falar sobre *el desayuno* (café da manhã), *el almuerzo* (almoço) e *la cena* (jantar).
- a usar o vocabulário relacionado a comida e bebida.
- a fazer perguntas em espanhol.
- o verbo irregular *querer*.

LIÇÃO 1 — ¡Tengo hambre!

Diálogo

Natalia e José estão conversando sobre o que querem comer. Ouça-os discutindo sobre *el desayuno*, *el almuerzo* e *la cena*. Note que, por serem amigos, o tratamento entre eles é informal.

Natalia Tengo hambre. ¿Vamos a desayunar?

José Sí. Tengo ganas de ensalada.

Natalia ¿A las ocho de la mañana? La ensalada es comida de almuerzo y de cena.

José Está bien. ¿Qué quieres comer?

Natalia Huevos. ¿Quieres comer huevos?

José Sí. Pero, tengo ganas de beber vino.

Natalia ¡El vino no es para el desayuno!

Atividade A
Circule **V** para verdadeiro e **F** para falso.

1. Natalia quer tomar café da manhã. V / F
2. José quer uma salada de café da manhã. V / F
3. Natalia diz a José que eles devem tomar sopa. V / F
4. José está a fim de tomar uma cerveja. V / F

Atividade B
Circule a resposta correta.

1. O que Natalia quer comer? a / b 
2. O que José está a fim de beber? a / b 
3. O que eles vão comer no café da manhã? a / b 
4. A que horas o diálogo se passa? a / b

DICA

Entre diversos outros usos, a preposição *de* serve para:
- expressar posse: *la casa de Sergio*.
- especificar um material: *un bolso de cuero*.
- dizer de onde alguém vem: *soy de Madrid*.
- indicar um período do dia: *el período de la noche*.

Quando um substantivo funciona como adjetivo, usa-se o *de*. Por exemplo, a expressão "comida de café da manhã" se traduz como *comida de desayuno*.

LIÇÃO 2
Palavras úteis

Palavras essenciais

La comida (Comida)

la fruta	fruta
el pan	pão
la sopa	sopa

Las bebidas (Bebidas)

el agua	água
el café	café
la cerveza	cerveja
el jugo	suco
la leche	leite
el té	chá

Verbos

beber	beber
comer	comer
tomar	pegar/tomar/comer

DICAS CULTURAIS

- Assim como em português nós temos a palavra "sanduíche" – tradução do termo inglês *sandwich* –, *sándwich* também faz parte do vocabulário dos países hispano-americanos e já integra os dicionários do idioma. No entanto, se você quiser um sanduíche na Espanha, pode pedir um *emparedado*.

- *¿Quieres tomar una cerveza?* (Quer tomar uma cerveja?) é uma das maneiras de convidar alguém para beber com você. Outra maneira, falada na Espanha é *Vamos por unas cañitas* (vamos tomar uma "caninha"). No México, basta dizer *Vamos por unas chelas* (*chela* é o diminutivo do nome Graciela).

Atividade A
Observe as imagens e escreva a comida ou a bebida que cada pessoa está consumindo.

1 _____   2 _____

3 _____   4 _____

Atividade B
Use as palavras do quadro abaixo para dizer o que você bebe e come no café da manhã, no almoço e no jantar.

| fruta | pan | cerveza | sopa | agua | café |

1 desayuno _____
2 almuerzo _____
3 cena _____

DICA

O verbo *tomar* é muito utilizado para se referir a comidas e bebidas. Se você quer dizer que não pode tomar café, diga *No puedo tomar café*.

Refeições Unidade 5

LIÇÃO 3
Frases úteis

Frases essenciais

Tengo ganas de beber ___.	Estou com vontade de beber ___.
Tengo ganas de comer ___.	Estou com vontade de comer ___.
Tengo hambre.	Estou com fome.
Tengo sed.	Estou com sede.
Vamos a almorzar.	Vamos almoçar.
Vamos a cenar.	Vamos jantar.
Vamos a desayunar.	Vamos tomar café da manhã.

DICA
Para transformar os substantivos *desayuno* e *cena* em verbos, basta retirar a vogal final e acrescentar a terminação *-ar*: *desayunar* e *cenar*. Essa regra também se aplica a *almuerzo*, mas o ditongo *-ue* se une em *-o*: *almorzar*.

Atividade A
Seis pessoas querem comer ou beber diferentes coisas. Leia os itens à esquerda e assinale a opção que indica se a pessoa está com fome ou com sede.

		Tengo hambre	Tengo sed
1	pan y fruta	☐	☐
2	leche y té	☐	☐
3	sopa y ensalada	☐	☐
4	cerveza y agua	☐	☐
5	huevos	☐	☐
6	jugo	☐	☐

Atividade B
Preencha os espaços com a frase correta em espanhol.

1 _____ una ensalada.
   _{Estou com vontade de comer}

2 _____ jugo.
   _{Estou com vontade de tomar}

Atividade C
Complete as falas com a frase correta em espanhol.

1 Vamos tomar café da manhã!

2 Vamos almoçar!

3 Vamos jantar!

LIÇÃO 4 — Gramática

Pronomes interrogativos

¿Cómo?	Como?
¿Cuál?	Qual?
¿Cuáles?	Quais?
¿Cuándo?	Quando?
¿Dónde?	Onde?
¿Por qué?	Por quê?
¿Qué?	O quê?
¿Quién? (sing.)	Quem?
¿Quiénes? (pl.)	Quem?

DICAS

- Use o ponto de interrogação de cabeça para baixo no começo de uma pergunta e, no final, use a pontuação normal.
- Para começar uma pergunta, use a pontuação ao contrário seguida de um pronome interrogativo. Depois disso vem o verbo conjugado.

Exemplos:

¿Quién es su amigo?	Quem é seu amigo?
¿Cuándo comemos?	Quando vamos comer?
¿Cómo es su familia?	Como sua família é?
¿Por qué hace ejercicio?	Por que você faz exercícios?

- A mesma regra é aplicada nas exclamações. Use o ponto de exclamação invertido no início e na posição normal no final.

Exemplos:

¡Vamos a comer!	Vamos comer!
¡Qué buena está la ensalada!	A salada está muito gostosa!

Atividade A

Usando o conteúdo do quadro abaixo, preencha os espaços com o pronome interrogativo correto.

> Quién Dónde Cuál Cuándo

1 ¿_____ vive?
2 ¿_____ es su dirección?
3 ¿_____ toma cerveza?
4 ¿_____ va al cine?

Atividade B

Formule perguntas usando as palavras abaixo.

1 ¿Cuáles _____?
2 ¿Cómo _____?
3 ¿Por qué _____?
4 ¿Qué _____?
5 ¿Quiénes _____?

Atividade C

Que pronome você usa para perguntar…

1 a razão de algo?
_____
2 a identidade de alguém?
_____
3 quando algo vai acontecer?
_____
4 qual objeto está sendo apontado?
_____
5 onde alguém mora?
_____

Sua vez

Leia as respostas a seguir. Depois, formule a melhor pergunta para cada uma delas. Ao praticar essas frases em voz alta e diante de um espelho, você pode observar o movimento de seus lábios e, assim, melhorar a sua pronúncia.

1 Mi madre es María.
2 Son las tres de la tarde.
3 Ellos son los primos de Gustavo.
4 Este es mi primo.

Refeições — Unidade 5

LIÇÃO 5
En el restaurante

Cardápio
Leia o cardápio em voz alta. Depois, ouça o diálogo, que se passa em um restaurante. Marta está conversando com *el mesero* (garçom) sobre o que vai pedir.

Restaurante Don Pedro

Menú

Aperitivo
Ensalada
Plato de queso y frutas

Plato principal
Pescado con vegetales
Pollo con papas
Carne con arroz

Postre
Pastel de chocolate
Helado

Diálogo

Mesero Hola, ¿qué quiere de aperitivo?
Marta De aperitivo, quiero una ensalada.
Mesero Muy bien. ¿Y de plato principal?
Marta ¿Qué me recomienda?
Mesero El pescado con vegetales. Está delicioso.
Marta No quiero el pescado. No me gusta.
Mesero El pollo con papas también es muy bueno.
Marta Está bien. Quiero el pollo.
Mesero Bien. Pronto llega su comida.

Atividade A
Com base no diálogo, assinale as respostas corretas.

1. Que aperitivo Marta pediu?  
2. O que Marta quer como prato principal?  
3. Qual outra opção de prato principal Marta recusou?  
4. Que sobremesa há no cardápio?

Atividade B
Coloque as frases na ordem correta para criar um diálogo.

___ De aperitivo, quiero una ensalada.
___ ¿Y de plato principal?
___ ¿Qué quiere de aperitivo?
___ Quiero el pollo.

DICA CULTURAL
Além de dizer *por favor* e *gracias* (obrigado/a), as boas maneiras na Espanha e América Latina incluem dizer *buen provecho* (bom apetite) antes de uma refeição.

50 Unidade 5 Refeições

LIÇÃO 6
Palavras úteis

Más comida (mais comida)

el arroz	arroz
la carne	carne
la ensalada	salada
el helado	sorvete
las papas	batatas
el pastel	bolo
el pescado	peixe
el pollo	frango
el queso	queijo
los vegetales	vegetais

Atividade A
Escreva se os pratos a seguir são servidos como entrada, prato principal ou sobremesa. Use *aperitivo*, *plato principal* ou *postre*.

1. la ensalada y el plato de queso _____
2. la carne y el pescado _____
3. el helado y el pastel _____
4. el pollo y la pasta _____

DICA CULTURAL

Enquanto *el mesero/la mesera* são mais comuns na América Latina, na Espanha quem atende as mesas nos restaurantes é *el camarero/la camarera*.

Atividade B
Responda, em espanhol, às questões a seguir. Escreva respostas completas.

1. ¿Cuál es un aperitivo?

   a ____ b ____

   _____

2. ¿Cuál es un plato principal?

   a ____ b ____

   _____

3. ¿Cuál es un postre?

   a ____ b ____

   _____

4. ¿Qué viene con el pescado?

   _____

Sua vez
Use o novo vocabulário e crie seu próprio cardápio!

Restaurante _____

Menú

Aperitivo
_____
_____

Plato principal
_____
_____

Postre
_____
_____

Bebidas
_____
_____

Refeições — Unidade 5

LIÇÃO 7
Frases úteis

Frases essenciais

Buen provecho.	Bom apetite.
¿Cómo está su comida?	Como está seu prato?
¿Cuál es la especialidad del día?	Qual é o prato do dia?
La especialidad es ___.	O prato do dia é ___.
¡Está delicioso/deliciosa!	Está delicioso!
La cuenta, por favor.	A conta, por favor.
¿Puedo ver la carta de vinos?	Posso ver a carta de vinhos?
Yo invito.	Eu convido.

Atividade A
O que você diz quando quer...

1   desejar uma boa refeição a alguém?
   _____

2   pedir a conta ao garçom?
   _____

3   elogiar a comida?
   _____

4   pedir a carta de vinhos?
   _____

Atividade B
Circule a melhor resposta para responder às questões e situações a seguir.

1   ¿Cuál es la especialidad del día?
   a   **¡Está delicioso!**
   b   **La especialidad es el pescado.**

2   Durante a refeição, você decide pedir algo para beber. Você diz ao *mesero*:
   a   **¿Puedo ver la carta de vinos?**
   b   **Buen provecho.**

3   Você está comendo e o garçom quer saber se você gostou da comida. Você responde:
   a   **La especialidad es la carne.**
   b   **Está delicioso/deliciosa.**

4   Você está no final da refeição. O que diz ao *mesero*?
   a   **La cuenta, por favor.**
   b   **¿Cuál es la especialidad del día?**

Sua vez
Você está em um restaurante com um(a) amigo(a). Descreva para ele(a) os diferentes pratos, o cardápio e os pratos do dia. Pergunte ao(à) seu(sua) amigo(a) o que ele(a) achou do prato que escolheu. Ao final, seja cortês e se ofereça para pagar a conta.

DICAS CULTURAIS

- O almoço é a principal refeição do dia na Espanha e na maioria dos países latino-americanos.

- Na hora de jantar, as pessoas geralmente optam por *tapas* (pequenas porções de comidas diversas). No México, as pessoas normalmente compram *antojitos* nas ruas. *Antojitos* são petiscos, pequenos lanches, mas eles podem ser muito pesados. São as *tostadas*, *tamales*, *tacos*, *gorditas*, *quesadillas* e muito mais!

Unidade 10 Revisão

Atividade A
Desembaralhe as letras para formar palavras. Use as imagens como dicas.

1 a ñ o b   _ _ _ _

2 u í l a l p e c   _ _ _ _ _ _ _ _

3 r i l b a a   _ _ _ _ _ _

4 t r a n i p   _ _ _ _ _ _

5 a c i n c o   _ _ _ _ _ _

Atividade B
Circule as frases que melhor respondem às perguntas de Tina.

1 **Jorge** ¿Qué quieres hacer esta noche?
   Tina Estoy cansada.
   a Escuché música anteayer.
   b Quiero quedarme en casa esta noche.

2 **Jorge** ¡Quiero salir! Vamos a bailar.
   Tina No, Jorge.
   a Bailé con Luis ayer.
   b Fui al cine anoche.

3 **Jorge** ¿Quieres tomar una cerveza en el bar?
   Tina No.
   a Quiero salir de la casa.
   b Tomé cerveza esta tarde.

4 **Jorge** ¿Y el cine? Podemos ver una película.
   Tina No.
   a No quiero salir de la casa.
   b ¿Qué hiciste anoche?

Atividade C
Responda em espanhol às questões a seguir.

1 ¿A dónde fuiste con mi carro anoche?
   _____

2 ¿Cuál fue la película?
   _____

3 ¿Cuáles fueron los postres en el restaurante?
   _____

4 ¿Fueron ustedes al concierto?
   _____

Atividade D
Escreva as formas verbais no imperativo para formar as frases.

1 Me ajude a limpar (tú):
   _____

2 Me ajude a pintar (usted):
   _____

3 Recolham suas roupas (ustedes):
   _____

4 Guarde este livro (tú):
   _____

Desafio
Mude os imperativos da Atividade D e faça perguntas utilizando o verbo *poder*. A frase número 1, por exemplo, ficaria assim: *¿Puedes ayudarme a limpiar?*

Unidade 11 Corpo e saúde

Nesta unidade você aprenderá:
- o vocabulário referente ao corpo e à saúde.
- advérbios de tempo.
- a descrever os sintomas e doenças comuns.
- a conjugar os verbos no futuro com ir + a + infinitivo.

LIÇÃO 1 — Estoy enfermo

Diálogo

Melissa pergunta a seu amigo Roberto se ele quer jogar tênis, mas ele está doente. Eles combinam de jogar outro dia. Ouça a conversa deles.

Roberto Hola, Melissa. ¿Qué vas a hacer hoy?

Melissa Voy a jugar tenis. ¿Quieres jugar?

Roberto No, no puedo jugar porque estoy enfermo.

Melissa Lo siento. ¿Vas a jugar el jueves o el viernes?

Roberto Creo que sí. Voy a jugar el viernes.

Melissa Bueno. Llámame el viernes. Que te mejores.

Atividade A

Circule a resposta correta.

1. Quando Melissa vai jogar tênis?
   - **a** hoje
   - **b** amanhã
2. Por que Roberto não vai jogar tênis com Melissa?
   - **a** Ele não quer.
   - **b** Ele não pode.
3. Quando ele quer jogar?
   - **a** quinta-feira
   - **b** sexta-feira
4. Quem vai ligar na sexta-feira?
   - **a** Melissa
   - **b** Roberto

Atividade B

Na sexta-feira seguinte, Roberto envia uma mensagem de texto a Melissa. Leia a mensagem dele e a resposta de Melissa. Em seguida, responda às perguntas.

> Lo siento Melissa, no puedo jugar hoy. Todavía estoy enfermo. ¿Vamos a jugar el domingo o el lunes?
> Roberto

> ¡Qué lástima! Pero, no te preocupes. Llámame el domingo.
> Melissa

1. Por que Roberto não pode jogar tênis na sexta-feira?
   - **a** ele ainda está doente
   - **b** ele não quer
2. O que Melissa responde a Roberto?
   - **a** para não ligar
   - **b** para não se preocupar
3. Quando eles vão voltar a se falar?
   - **a** a domingo
   - **b** segunda-feira

Atividade C

Hoje é domingo. Imagine que você é Roberto. Escreva uma mensagem para Melissa dizendo que quer jogar tênis na segunda-feira.

LIÇÃO 2
Palavras úteis

Palavras essenciais

Los deportes (Esportes)

el béisbol	beisebol
el ciclismo	ciclismo
el fútbol	futebol
la natación	natação
el tenis	tênis

La salud (Saúde)

delgado/delgada	magro/a
enfermo/enferma	doente
el estrés	estresse
el gimnasio	academia
gordo/gorda	gordo/a
sano/sana	saudável
el peso	peso
pesar	pesar

Atividade A
Escreva o nome dos esportes mostrados nas imagens.

1  _____   2 _____

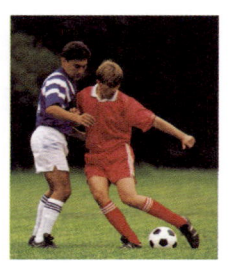

3  _____   4 _____

Atividade B
Preencha os espaços com as palavras corretas em espanhol.

1   ¿Dónde está _____?
                    academia

2   ¿Cuál es su _____?
                    peso

3   Él no quiere estar _____.
                              gordo

4   Ella come bien para estar _____
                                    magra
    y _____.
        saudável

5   ¿Por qué tiene _____?
                        estresse

6   ¿Está _____ Roberto?
                doente

Atividade C
Ligue a palavra à sua tradução correta em espanhol.

1   magro
    a   el estrés   b   delgado
2   futebol
    a   el fútbol   b   el béisbol
3   academia
    a   la natación   b   el gimnasio
4   saudável
    a   enfermo   b   sano

> **DICA**
>
> *Gimnasio*, no feminino, tem seu sentido modificado. Enquanto na forma masculina quer dizer "academia", *gimnasia*, na forma feminina, quer dizer "ginástica". Assim: *Voy al gymnasio* (Vou à academia). *A Ana le gusta hacer gimnasia* (Ana gosta de fazer ginástica).

Corpo e saúde   Unidade 11

LIÇÃO 3
Frases úteis

Frases essenciais

¿Cómo se siente?	Como você se sente?
Estoy enfermo/enferma.	Estou doente.
Estoy sano/sana.	Estou saudável.
Quiero estar en forma.	Quero ficar em forma.
Quiero bajar de peso.	Quero perder peso.
Quiero subir de peso.	Quero ganhar peso.

Frases extras

Creo que sí.	Acho que sim.
Lo siento.	Sinto muito.
¡Qué lástima!	Que pena!
Que te mejores.	Melhoras.
todavía	ainda

Atividade A
O que você diz quando quer…

1 dizer que está se sentindo bem?

   _____

2 dizer que quer ficar em forma?

   _____

3 perguntar a alguém como ele(a) está se sentindo?

   _____

4 dizer que quer perder peso?

   _____

Atividade B
Escolha a expressão correta para cada imagem.

1   a Estoy enfermo.
    b Estoy sano.

2   a Quiero estar en forma.
    b Estoy enferma.

3   a Quiero subir de peso.
    b Estoy sana.

4   a Quiero subir de peso.
    b Quiero bajar de peso.

5   a Estoy sano.
    b Quiero bajar de peso.

Sua vez
¿Cómo se siente? Diga como você se sente. Use *me siento bien/mal* para dizer se está se sentindo bem ou mal. Depois, diga se você está *enfermo/enferma* ou *sano/sana*. ¿Quiere subir o bajar de peso?

_____

_____

_____

LIÇÃO 4
Gramática

O futuro com o verbo *ir* + infinitivo

Na Unidade 9 você aprendeu a usar o futuro simples. Você também pode falar do futuro usando *ir* + *a* + verbo no infinitivo.

Exemplos

Voy a jugar tenis.   Vou jogar tênis.
Vas a ver a la dentista.   Você vai ver a dentista.
Vamos a vivir en España.   Vamos viver na Espanha.
Van a hablar con el profesor.   Eles vão falar com o professor.

Atividade A
Usando os pronomes e os verbos abaixo, escreva o que cada pessoa vai fazer.

1. él, escribir _____
2. yo, bailar _____
3. ellos, estudiar _____
4. nosotros, jugar _____
5. tú, cocinar _____
6. ella, correr _____

DICA
O futuro com *ir* é mais comum do que o futuro simples para falar de planos – assim como em português também é mais comum dizer "vou correr" do que "correrei". Dessa forma, você vai escutar muito mais frases como *Voy a jugar tenis la próxima semana* do que *Jugaré tenis la próxima semana*.

Atividade B
Elabore uma pergunta para cada frase. A primeira já está feita.

1. Voy a ver la película el viernes.
   ¿Cuándo vas a ver la película?
2. Va a llamar esta tarde.
   _____
3. Vamos a vivir en México.
   _____
4. Fabián va a llamar.
   _____
5. Emilia y Ernesto van a tomar cerveza.
   _____
6. Tú vas a limpiar los cuartos.
   _____

Sua vez
Observe as imagens e escreva o que vai acontecer em cada uma delas.

_____
_____
_____

_____
_____
_____

_____
_____
_____

_____
_____
_____

Corpo e saúde   Unidade 11

LIÇÃO 5
La medicina

Anúncios de remédios
Leia o anúncio abaixo.

Medicina para el resfriado

Ayuda con la fiebre y la tos.
Alivia el dolor de cabeza y garganta.
Esta medicina ayuda a que el cuerpo se sienta mejor.
¡Usted no necesita ir al doctor!
¡No necesita una receta!

el cuerpo	corpo	tos	tosse
doctor	médico	fiebre	febre

Atividade A
Circule a resposta correta.

1 Do que trata o anúncio?
   a **remédio para resfriado**   b **remédio para dor**

2 O que esse remédio trata?
   a **febre**   b **dor de estômago**

3 O que esse remédio alivia?
   a **dor de dente**   b **dor de cabeça**

4 Por que você não precisa consultar um médico para comprar esse remédio?
   a **porque não precisa de receita**   b **porque o remédio não é restrito**

Leia agora este outro anúncio.

Medicina para la tos

Ayuda con el dolor de garganta.
Alivia la fiebre y el dolor de cabeza.
Tome esta medicina dos veces a la semana.
¡Se va a sentir mejor con esta medicina!
Necesita una receta.

Atividade B
Circule a resposta correta.

1 Do que trata o anúncio?
   a **remédio para o estômago**   b **remédio para tosse**

2 O que esse remédio trata?
   a **dor de cabeça**   b **dor de garganta**

3 O que esse remédio alivia?
   a **febre**   b **dor de dente**

4 Com que frequência deve-se tomar esse remédio?
   a **todos os dias**   b **duas vezes por semana**

5 É necessário consultar um médico para tomar esse remédio?
   a **sim**   b **não**

Atividade C
Complete as frases para comparar os medicamentos.

La medicina para el resfriado ayuda _____ y la medicina _____ ayuda _____. Las dos medicinas alivian _____. La medicina de la tos alivia _____ y la medicina del resfriado alivia _____.

DICA CULTURAL
Assim como no Brasil, na América Latina existem muitos remédios caseiros para tratar pequenos incômodos. Um *jarabe* (xarope para tosse) muito comum é feito de anis, camomila, cravo-da-índia, limão e mel. O *té de manzanilla* acalma as dores de estômago, e *limón con miel* é tiro e queda para dores de garganta.

LIÇÃO 6
Palavras úteis

Palavras essenciais

el dolor de cabeza	dor de cabeça
el dolor de estómago	dor de estômago
el dolor de garganta	dor de garganta
el dolor de muela	dor de dente
la fiebre	febre
el resfriado	resfriado
la tos	tosse
el dentista/la dentista	dentista
el doctor/la doctora	médico/médica
el hospital	hospital
la inyección	injeção
la medicina	remédio
la receta	receita/prescrição

Atividade A
Circule as palavras que melhor completam as frases.

1 Tienes tos. Necesitas _____.
   a un dentista   **b** medicina

2 Tienes dolor de muela. Vas al _____.
   a hospital   **b** dentista

3 Tienes fiebre. El doctor te va a dar una _____ para la medicina.
   a inyección   **b** receta

Atividade B
As pessoas retratadas nas fotos abaixo não estão se sentindo bem. Escreva o que cada uma tem.

1 _____

2 _____

3 _____

4 _____

Sua vez
Usted es un doctor/una doctora. Fale sobre o seu paciente. ¿Qué tiene el paciente? ¿Qué necesita?

_____
_____
_____
_____
_____

DICA CULTURAL
Quando você estiver procurando uma farmácia na Espanha, busque uma cruz verde luminosa, que indica que ela está aberta. Os farmacêuticos são aptos a dar *consejos* que podem ser úteis. Se você tiver dúvidas antes de procurar um médico, vá até a farmácia mais próxima.

Corpo e saúde — Unidade 11

LIÇÃO 7
Frases úteis

Frases essenciais

¿Qué le duele?	O que está doendo?
Me duele el brazo.	Tenho dor no braço.
Me duele la espalda.	Tenho dor nas costas.
Me duele la mano.	Tenho dor na mão.
Me duelen los pies.	Tenho dor nos pés.
Me duelen las piernas.	Tenho dor nas pernas.

Frases extras

¿Puede recomendarme un doctor/dentista?	Você pode me recomendar um médico/dentista?
Tiene que ver al doctor/dentista.	Você deve ir ao médico/dentista.

DICA

O verbo *doler* é reflexivo e tem apenas duas formas: *duele* e *duelen*. *Duele* é usado para falar sobre uma única parte do corpo que dói, e *duelen*, para falar de mais de uma parte do corpo.

Me duele el pie. — Meu pé dói.
Me duelen los pies. — Meus pés doem.

Lembre-se de que, quando você quiser falar de si, usa o *me*; e quando quiser falar de alguém, usa o *le*. Veja: *Me duele la cabeza* (Minha cabeça dói)/ *Le duele la cabeza* (A cabeça dele/dela/sua dói).

Atividade A

Observe as figuras e complete as frases.

1. Me duele _____
2. Le duele _____
3. Me duelen _____
4. Le duele _____

Atividade B

Você está esperando para ser atendido por um médico. Diga ao *enfermero/enfermera* como você se sente, descrevendo os sintomas.

Escolha palavras ou frases do quadro para fazer a descrição.

enfermo	brazo	me duele la espalda
fiebre	me duele el brazo	cabeça

_____
_____
_____
_____
_____

Atividade C

Faça *el reporte de la enfermera* (histórico de enfermagem) com base no que você disse a ele(a) na atividade anterior. Use *le* em vez de *me*.

_____
_____
_____

LIÇÃO 8
Gramática

Advérbios de tempo
Use as palavras abaixo quando falar sobre a frequência que algumas coisas acontecem.

a menudo	frequentemente
a veces	às vezes
nunca	nunca
siempre	sempre
una vez/dos veces	uma vez/duas vezes
usualmente	normalmente
todos los días	todos os dias

Exemplos

Juego béisbol a menudo.	Jogo beisebol frequentemente.
Usualmente Roberto está en forma.	Normalmente Roberto está em forma.
Nunca hago gimnasia.	Nunca faço ginástica.
Hago ejercicio todos los días.	Faço exercícios todos os dias.

Atividade A
Escolha a palavra que melhor descreve a frequência com que você pratica essas atividades.

1 Me enfermo.
   a a menudo   b a veces   c nunca

2 Hago ejercicio.
   a a menudo   b a veces   c nunca

3 Juego tenis dos veces a la semana.
   a a menudo   b a veces   c nunca

4 Hago gimnasia los domingos.
   a a menudo   b a veces   c nunca

Atividade B
Traduza as frases a seguir para o espanhol.

1 Às vezes eu jogo tênis.
   _____

2 Eu sempre vou à academia.
   _____

3 Normalmente sou saudável.
   _____

4 Eu jogo tênis uma vez por semana.
   _____

5 Eu nunca tomo remédios.
   _____

6 Eu corro todos os dias.
   _____

Atividade C
Agora traduza as seguintes perguntas.

1 Você sempre vai para Cartagena em julho?
   _____

2 Você geralmente viaja durante o verão?
   _____

3 Esteban almoça em casa todos os dias?
   _____

Sua vez
Diga em espanhol quais atividades você pratica com as frequências indicadas abaixo.

1 cada mes _____

2 a veces _____

3 nunca _____

4 siempre _____

Unidade 11 — Revisão

Atividade A
Los hermanos Carlos y Carlota nunca entram em acordo! Se Carlos diz alguma coisa, Carlota imediatamente diz o oposto. Preencha as lacunas do diálogo com o contrário do que Carlos diz.

Carlos Me siento mal.
Carlota _____
Eu me sinto bem.

Carlos Estoy enfermo.
Carlota _____
Eu sou saudável.

Carlos Voy a ver a la dentista.
Carlota _____
Eu não vou ao dentista.

Carlos Tengo dolor de cabeza.
Carlota _____
Eu estou com dor de estômago.

Carlos Quiero ir al doctor.
Carlota _____
Eu não quero ir ao médico.

Carlos Hago ejercicio porque quiero estar en forma.
Carlota _____
Eu faço ginástica porque quero perder peso.

Atividade B
O que há de errado com estas frases? Reescreva-as para que fiquem corretas.

1 Me duelen la cabeza. _____
2 Voy vivir en Perú. _____
3 Hago ejercicio dos vez a la semana.
   _____
4 Teresa van a correr en el parque.
   _____
5 Vas a cocinas la cena. _____
6 Me duele los pies. _____

Atividade C
Desembaralhe as letras para formar palavras. Use as imagens como dicas.

1 i l c o m s i c   _ _ _ _ _ _ _ _

2 s e n t i   _ _ _ _ _

3 m e r o f e n   _ _ _ _ _ _ _

4 a n i i c d e m   _ _ _ _ _ _ _ _

5 b r i e f e   _ _ _ _ _ _

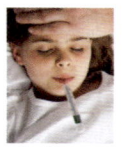

6 a s t i t e n d   _ _ _ _ _ _ _ _

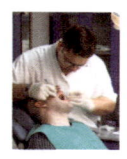

Desafio
Responda às seguintes perguntas sobre você.

¿Qué va a cocinar mañana? _____

¿Qué hace a menudo para divertirse? _____

¿Qué va a hacer el próximo mes? _____

Corpo e saúde

Glossário Espanhol-Português

A

el abrigo	casaco
la abuela	avó
el abuelo	avô
el aeropuerto	aeroporto
el agua	água
alemán	alemão
alemana	alemã
anoche	ontem à noite
anteayer	anteontem
el apartamento	apartamento
el armario	armário
el arroz	arroz
el/la asistente	assistente
atrás de	atrás
australiana	australiana
australiano	australiano
el autobús	ônibus
la avenida	avenida
el avión	avião
ayer	ontem

B

bailar	dançar
el baño	banheiro
el bar	bar
beber	beber
las bebidas	bebidas
el béisbol	beisebol
la biblioteca	biblioteca
la blusa	blusa
el boleto	bilhete

C

el café	café
cálido	morno/quente
la calle	rua
calor	calor
la camisa	camisa
la camiseta	camiseta
canadiense	canadense
la carne	carne
el carro	carro
la casa	casa
cerca de	perto
la cerveza	cerveja
la chaqueta	jaqueta
el cheque	cheque
el ciclismo	ciclismo
el cine	cinema
el clima	clima
la cocina	cozinha
los colores	cores
el comedor	sala de jantar
comer	comer
la comida	comida
el concierto	concerto/show
la corbata	gravata
los cuartos	quartos

D

datos personales	dados pessoais
delante de	na frente de
delgado/a	magro/a
el/la dentista	dentista
los deportes	esportes
derecha	direita
el día	dia
los dias de la semana	os dias da semana
el dinero	dinheiro
la dirección	endereço
el doctor	médico
la doctora	médica
el dólar	dólar

Glossário Espanhol-Português

el dolor	dor
el dolor de cabeça	dor de cabeça
el dolor de estómago	dor de estômago
el dolor de garganta	dor de garganta
el dolor de muela	dor de dentes
el domingo	domingo
el dormitório	dormitório

E

el edificio	edifício
el efectivo	dinheiro
la empleada	empregada
el empleado	empregado
enfermo/a	doente
la ensalada	salada
el equipaje	bagagem
la escuela	escola
español	espanhol
española	espanhola
la esposa	esposa
el esposo	esposo
la estación de metro	estação de metrô
la estación de tren	estação de trem
las estaciones	estações
estadounidense	norte-americano
el estrés	estresse
el/la estudiante	estudante
extra grande	extragrande

F

la falda	saia
la familia	família
la fiebre	febre
francés	francês
francesa	francesa
frío	frio
la fruta	fruta
el fútbol	futebol

G

el gato	gato
el gimnasio	academia
gordo/a	gordo/a
grande	grande
los guantes	luvas

H

el helado	sorvete
la hermana	irmã
el hermano	irmão
la hija	filha
el hijo	filho
el hombre	homem
la hora	hora
el hospital	hospital
húmedo	úmido

I

la iglesia	igreja
el impuesto sobre ventas	imposto sobre as vendas
inglés/inglesa	inglês/inglesa
la inyiección	injeção
irlandés/irlandesa	irlandês/irlandesa
a la izquierda	à esquerda

J

el jefe/la jefa	o/a chefe
el jugo	suco

Glossário Espanhol-Português

L

la leche	leite
lejos de	longe de
lluvioso	chuvoso

M

la madre	mãe
la maleta	mala de mão/pasta
mayor	mais velho
mediana	média
la medicina	medicina
menor	mais novo
el mes	mês
los meses del año	os meses do ano
la mujer	mulher

N

la natación	natação
la nieta	neta
el nieto	neto
la niña	menina
el niño	menino

O

la oficina de correos	escritório dos correios
el otoño	outono

P

el padre	o pai
los padres	os pais
el pájaro	pássaro
el pan	pão
los pantalones	calças
las papas	batatas
la parada de autobús	parada/ponto de ônibus
el pasaporte	passaporte
el pastel	bolo
la película	filme
pequeño/a	pequeno/a
el periódico	jornal
el/la periodista	jornalista
el perro	cachorro
el pescado	peixe
el peso	peso
el pollo	frango
la profesión	profissão
en punto	em ponto

Q

el queso	queijo

R

la receta	receita/prescrição
el recibo	recibo
el resfriado	resfriado
la revista	revista

S

la sala	sala
el salón	sala de aula
las sandalias	sandálias
sano/sana	saudável
secretario/a	secretário/a
sobrino/a	sobrinho/a
soleado	ensolarado
el sombrero	chapéu

Glossário Espanhol-Português

la sopa	sopa	la tía	tia
el sueldo	salário	el tío	tio
el supermercado	supermercado	tomar	tomar/pegar
		la tos	tosse
		el trabajo	trabalho

T

las tallas	tamanhos (de roupas)
la tarjeta de crédito	cartão de crédito
la tarjeta de débito	cartão de débito
el teatro	teatro
el té	chá
el teléfono	telefone
el tenis	tênis

V

las vacaciones	férias
los vegetales	vegetais
el verano	verão
el vestido	vestido
el vuelo	voo

Glossário Espanhol-Português

Números

los números	os números
uno	1
dos	2
tres	3
cuatro	4
cinco	5
seis	6
siete	7
ocho	8
nueve	9
diez	10
once	11
doce	12
trece	13
catorce	14
quince	15
dieciséis	16
diecisiete	17
dieciocho	18
diecinueve	19
veinte	20
treinta	30
treinta y uno	31
treinta y dos	32
treinta y tres	33
treinta y cuatro	34
treinta y cinco	35
cuarenta	40
cincuenta	50
sesenta	60
cien	100
mil	1.000
millón	1.000.000

Dias

los días de la semana	os dias da semana
el lunes	segunda-feira
el martes	terça-feira
el miércoles	quarta-feira
el jueves	quinta-feira
el viernes	sexta-feira
el sábado	sábado
el domingo	domingo

Meses

los meses	os meses
enero	janeiro
febrero	fevereiro
marzo	março
abril	abril
mayo	maio
junio	junho
julio	julho
agosto	agosto
septiembre	setembro
octubre	outubro
noviembre	novembro
diciembre	dezembro

Glossário Espanhol-Português

Cores

los colores   as cores

amarillo   negro
amarelo   preto

azul   rojo
azul   vermelho

blanco   rosa
branco   rosa

morado   verde
roxo   verde

Estações do ano

la primavera
primavera

el invierno
inverno

el verano
verão

el otoño
outono

Glossário Espanhol-Português

Países/Nacionalidades

Alemania
alemán
alemana

Alemanha
alemão
alemã

Irlanda
irlandés
irlandesa

Irlanda
irlandês
irlandesa

Australia
australiano
australiana

Austrália
australiano
australiana

Italia
italiano
italiana

Itália
italiano
italiana

Brasil
brasileño
brasileña

Brasil
brasileiro
brasileira

México
mexicano
mexicana

México
mexicano
mexicana

Canadá
canadiense

Canadá
canadense

Perú
peruano
peruana

Peru
peruano
peruana

España
español
española

Espanha
espanhol
espanhola

Portugal
portugués
portuguesa

Portugal
português
portuguesa

los Estados Unidos
estadounidense

Estados Unidos
americano/americana

el Reino Unido
inglés
inglesa

Reino Unido
inglês
inglesa

Francia
francés
francesa

França
francês
francesa

Glossário Espanhol-Português

Palavras extras

el artículo	o artigo
la billetera	carteira
el cambio	troco
los centavos	centavos
la compañía	empresa
la cuadra	quarteirão
la cuñada	cunhada
el cuñado	cunhado
dificil	difícil
el empleador	empregador
las escaleras	escadas
la esquina	esquina
facil	fácil
el hotel	hotel
el jardín	jardim
el hielo	gelo
la media	meia (metade)
la moneda	moeda
mucho	muito
nadar	nadar
el negocio	negócio
la nuera	nora
la reservación	reserva
la suegra	sogra
el suegro	sogro
el suelo	piso, chão
la ventana	janela
el yuerno	genro

Respostas das atividades

Unidade 1 Lição 1

Atividade A

1 T; 2 T; 3 F; 4 T

Atividade B

Me llamo Lisa. ¿Cómo se llama usted?; Me llamo Marco. Mucho gusto.; Soy de España. Y usted, ¿de dónde es?; Soy de México.

Lição 2

Atividade A

1 ¡Hola!; 2 ¿Cómo se llama usted?; 3 ¿De dónde es?; 4 ¡Adiós!/Hasta luego.

Atividade B

1 Buenas tardes.; 2 Buenas noches.; 3 Buenos días.

Lição 3

Atividade A

América del Norte y Sur, de cima para baixo: 6; 4; 3; 1
Europa, de cima para baixo: 2; 5

Atividade B

Da esquerda para a direita: 4; 3; 1; 2

Lição 4

Atividade A

1 yo; 2 ella; 3 él; 4 tú

Atividade B

1 ellas; 2 ellos; 3 nosotras; 4 nosotros

Atividade C

1 yo; 2 ella; 3 él; 4 ellas; 5 ellos

Lição 5

Atividade A

idioma; nacionalidad; español; inglés

Atividade B

1 a; 2 b; 3 b; 4 b

Lição 6

Atividade A

1 mexicana; 2 estadounidense; 3 inglés; 4 australiano

Atividade B

1 española; 2 inglesa; 3 mexicana; 4 estadounidense; 5 canadiense

Lição 7

Atividade A

1 ¿Es usted español?; 2 Hablo bien.; 3 Un poco.

Sua vez

As respostas podem variar. Possíveis soluções:
P1 ¡Hola! Me llamo Félix. ¿Cómo se llama usted?
R1 Soy Victor, mucho gusto.
P2 ¿De dónde es usted?
R2 Soy español.

Lição 8

Atividade A

1 soy; 2 es; 3 eres; 4 es

Atividade B

1 son; 2 somos; 3 son; 4 son

Sua vez

es usted; soy; son; Soy; es

Revisão

Atividade A

Nome	País	Nacionalidad
Pepa	España	española
Pablo	México	mexicana
Cassandra	Canadá	canadiense
Brian	Los Estados Unidos	estadounidense
Ana	Brasil	brasileña

Atividade B

1 Tú eres estadounidense.; 2 Lisa es española.; 3 Usted es brasileño.; 4 Ernesto es mexicano.

Atividade C

Guía	¡Hola! ¡Bienvenido a México!
Kiko	¡Hola! Soy Kiko Buxó. ¿Cómo se llama usted?
Guía	Me llamo Enrico. Mucho gusto.
Kiko	Encantado. ¿Es usted mexicano?
Guía	Sí. ¿De dónde es usted?
Kiko	Soy del Reino Unido. ¿Habla inglés?
Guía	Un poquito.
Kiko	Hablo inglés y español.
Guía	¡Qué bien!
Kiko	Hasta luego, Enrico.
Guía	¡Adiós!

Atividade D

L	O	S	E	S	T	A	D	O	S	U	N	I	D	O	S
Á	Y	P	I	O	S	U	R	N	C	N	A	S	P	L	B
D	A	A	T	L	E	S	P	A	Ñ	A	D	H	A	E	O
A	L	O	Ñ	A	P	S	E	U	D	I	T	W	P	O	C
N	V	N	I	K	L	T	Ú	R	E	P	C	Z	D	E	I
A	U	C	A	N	A	D	I	E	N	S	E	Y	L	H	X
C	F	D	R	T	U	A	I	P	E	N	W	R	O	U	É
E	L	R	E	I	N	O	U	N	I	D	O	S	Ú	D	M

Desafio

Perú; peruano

Atividade E

1 ¡Hola! Me llamo Laura.; 2 Nosotros somos de Canadá.; 3 Pepinot es de España. Pepinot es español.; 4 Manuel es de los Estados Unidos.; 5 Yo hablo inglés.; 6 Ana es mexicana.

Respostas das atividades

Unidade 2 Lição 1

Atividade A 1 F; 2 F; 3 T; 4 T

Atividade B

1 personas: niños; niñas; hombres; mujeres
2 cosas: casas; edificios; carros; autobuses
3 animales: gatos; perros; pájaros

Lição 2

Atividade A

1 a pájaro; b mujer; c hombre; d niño
2 a hombre; b autobús; c perro; d niño; e edificio; f gato; g mujer; h carro

Atividade B

1 masculino; 2 masculino; 3 masculino; 4 femenino;
5 masculino; 6 femenino; 7 masculino; 8 masculino

Lição 3

Atividade A 1 ¡Mira a la gente!; 2 ¡Mira los animales!

Atividade B

Querida Elena,
Eu estou me divertindo muito aqui e finalmente estou aprendendo um pouco de español. ¡Mira a la gente! Há hombres, mujeres e niños. ¡Mira las casas! ¡Mira el edificio! ¡Mira los animales! Há perros, gatos e pájaros.
Te extraño.
Laura

Lição 4

Atividade A 1 hombres; 2 bolsas; 3 lápices; 4 toros

Atividade B 1 el; 2 la; 3 los; 4 las; 5 el; 6 el

Atividade C 1 el gato; 2 las mujeres; 3 los carros; 4 la casa

Sua vez 1 la; 2 las; 3 el; 4 los; 5 la

Lição 5

Atividade A 1 c; 2 d; 3 b; 4 a

Atividade B

Calle: Avenida Ricardo Palma; Número: 955;
Ciudad: Miraflores; Estado: Lima

Lição 6

Atividade A

dieciocho, diecinueve;
veinticuatro, veinticinco, veintiséis, veintisiete, veintiocho, veintinueve

Atividade B

1 uno	4 cuatro
6 seis	9 nueve
13 trece	12 doce
18 dieciocho	15 quince
10 diez	22 veintidós
30 treinta	14 catorce

Atividade C

1 Rua 14; 2 Avenida Margarida, 27;
3 Telefone: (178) 375 4219; 4 CEP: 11926.

Lição 7

Atividade A

As respostas podem variar. Possíveis soluções:
Me llamo _____.; Mi fecha de nacimiento es _____.; Mi dirección es _____; Mi número de teléfono es _____.

Atividade B 1 a; 2 a; 3 a; 4 b

Lição 8

Atividade A

yo estudio; tú estudias; él/ella estudia; usted estudia; nosotros/nosotras estudiamos; ustedes estudian; ellos/ellas estudian

Atividade B

yo vivo; tú vives; él/ella vive; usted vive; nosotros/nosotras vivimos; ustedes viven; ellos/ellas viven

Atividade C

Tomás vive en Calle Orchard 10.; Julia y Max viven en Calle 7 10.; Carmen y yo vivimos en Calle Main 16.

Sua vez Yo enseño inglés y español.; Marissa enseña inglés.

Revisão

Atividade A

1 tres niños; 2 una casa; 3 dos teléfonos; 4 cinco mujeres

Atividade B

1 Andrea vive en la Avenida 4, número 8.; 2 El número de teléfono de Javier es cuatro-ocho-dos nueve-uno-tres siete-tres-nueve-uno.; 3 Corrine y Mark viven en la Calle 4, número 30.; 4 El número de teléfono de Andrea es +44 20 2278 3625; 5 Javier vive en la Calle Huron 25.

Atividade C

1 los pájaros; 2 las mujeres; 3 el autobús; 4 la dirección

Desafio

As respostas podem variar. Possíveis soluções:
Él camina por la calle primavera.; Ellos caminan por la calle Primavera.; Él sufre mucho.; Ellos sufren mucho.

Atividade D

Laura	¡Hola! ¿Cómo se llama?
Usted	¡Hola! Me llamo (seu nome).
Laura	Bien, ¿cuál es su número de teléfono?
Usted	Mi número de teléfono es (seu telefone).
Laura	¿Cuál es su dirección?
Usted	Mi dirección es (seu endereço).
Laura	¿Y el código postal?
Usted	Mi código postal es (seu CEP).
Laura	Por último, ¿cuál es su fecha de nacimiento?
Usted	Mi fecha de nacimiento es (sua data de nascimento).
Laura	¡Excelente! Bienvenido al Instituto de Idiomas Sancho.
Usted	Muchas gracias.

Respostas das atividades

Unidade 3 Lição 1

Atividade A

1 Son las tres y treinta y cinco; 2 Faltan cincuenta y cinco minutos ; 3 Noventa minutos ; 4 Rayados

Atividade B

1 ¿Qué hora es?; 2 Son las seis y treinta y cinco.; 3 ¡Es temprano! ¿Cuánto tiempo falta en el juego?; 4 Faltan cincuenta y cinco minutos.

Lição 2

Atividade A

1 Son las cuatro menos cuarto.; 2 Es la una y cuarto.; 3 Son las ocho y media.; 4 Son las doce.

Atividade B

1 ¡Es temprano!; 2 ¡Es tarde!; 3 ¡Es temprano!; 4 ¡Es tarde!

Atividade C

1 ¿Qué hora es?; 2 ¡Es temprano!; 3 ¡Es tarde!; 4 Son las dos de la mañana.

Lição 3

Atividade A

1 cuarenta y cuatro; 2 treinta y dos; 3 sesenta y siete; 4 cincuenta y ocho

Atividade B

1 Faltan quince minutos. ; 2 Faltan seis horas y veintiocho minutos.; 3 Falta una hora y cuarenta y cinco minutos.; 4 Falta un minuto.

Sua vez

Son las cuatro y doce. Faltan treinta y tres minutos.; Son las cuatro y veintidós. Faltan veintitrés minutos.; Son las cuatro y treinta y dos. Faltan trece minutos.; Son las cuatro y cuarenta y dos. Faltan tres minutos.

Lição 4

Atividade A

yo	corro
tú	corres
él/ella	corre
usted	corre
nosotros/nosotras	corremos
ustedes	corren
ellos/ellas	corren

Atividade B

1 Yo veo; 2 Ella lee; 3 Nosotros comemos; 4 Ellas corren

Sua vez

Ellas comen un pastel y beben agua.

Lição 5

Atividade A

1 a; 2 b; 3 a; 4 b; 5 b

Atividade B

1 hacer los deberes; 2 llamar a Rosario; 3 lavar la ropa; 4 hacer ejercicio

Lição 6

Atividade A

1 martes; 2 lunes y jueves ; 3 viernes; 4 miércoles y sábado; 5 domingo

Atividade B

1 lunes, 17 de noviembre; 2 sábado, 5 de junio; 3 miércoles, 21 de septiembre; 4 viernes, 8 de abril; 5 martes, 31 de enero; 6 domingo, 12 de agosto; 7 jueves, 25 de marzo; 8 domingo, 14 de octubre; 9 lunes, 29 de mayo; 10 martes, 2 de diciembre; 11 viernes, 15 de julio; 12 miércoles, 18 de febrero

Lição 7

Atividade A

1 b; 2 b; 3 a; 4 b

Atividade B

1 ¿Qué día es hoy?; 2 ¿Cuál es la fecha de hoy?; 3 ¿En qué mes estamos?; 4 ¿En qué año estamos?

Lição 8

Atividade A

1 haces; 2 hace; 3 hacen; 4 hacemos

Atividade B

1 c; 2 a; 3 b

Sua vez

As respostas podem variar, mas veja se você usou *hago* na resposta. Algumas respostas possíveis são:

Hago ejercicio los sábados.

Hago mis deberes los domingos.

Revisão

Atividade A

As respostas podem variar de ordem.

2 Irene barre el suelo a las nueve menos cuarto de la noche.; 3 Irene llama a Pedro a las seis de la tarde.; 4 Irene hace ejercicio a las ocho menos cuarto de la mañana.; 5 Irene lava la ropa a las once y cuarto de la mañana.

Atividade B

1 Faltan dos horas, treinta y cuatro minutos y trece segundos.; 2 Faltan veintisiete segundos.; 3 Faltan doce minutos y treinta y nueve segundos.

Atividade C

1 domingo, veintiuno de febrero; 2 sábado, trece de febrero; 3 martes, veintitrés de febrero; 4 lunes, quince de febrero

Respostas das atividades

Unidade 4 Lição 1

Atividade A

1 F; 2 T; 3 F; 4 F

Atividade B

1 a; 2 a; 3 b; 4 b; 5 b

Lição 2

Atividade A

Somos cinco personas en mi familia. Tomás es mi padre. Mi madre se llama Mariana. Raquel es mi hermana. Pablo es el esposo de Raquel.

Atividade B

1 hermanos; 2 hermano; 3 madre; 4 padre; 5 padres; 6 hijo; 7 hija; 8 hijos; 9 esposa; 10 esposo

Lição 3

Atividade A

1 ¿Qué tan grande es su familia?; 2 Somos ocho en la familia. Mire esta foto.; 3 ¡Qué familia tan grande!; 4 Sí, mi familia es grande. Y, ¿es grande su familia?; 5 No. Mi familia es pequeña. Somos cuatro personas.

Atividade B

1 ¡Qué familia tan pequeña!; 2 ¡Qué familia tan grande!; 3 ¡Qué familia tan grande!; 4 ¡Qué familia tan pequeña!

Lição 4

Atividade A

1 mi; 2 tu; 3 Su; 4 mis; 5 tus; 6 sus; 7 Nuestra; 8 nuestros

Atividade B

1 e; 2 b; 3 h; 4 d; 5 c; 6 g; 7 a; 8 f

Lição 5

Atividade A

1 su abuelo; 2 su madre; 3 su prima; 4 su sobrina

Atividade B

1 el primo; 2 la prima; 3 la abuela; 4 el sobrino

Lição 6

Atividade A

1 prima; 2 sobrino; 3 tía; 4 nieto; 5 abuelo; 6 abuelos

Atividade B

1 a; 2 a; 3 b; 4 a; 5 a; 6 b

Lição 7

Atividade A

1 Sí, mi familia es muy unida.; 2 No, es soltero.; 3 Sí, tengo una familia muy grande.; 4 No, soy casada. Ese es mi esposo.

Atividade B

1 Te amo.; 2 Te quiero.; 3 Tengo una familia unida.; 4 ¿Eres casado/casada?

Lição 8

Atividade A

1 un abuelo; 2 unas niñas; 3 una niña; 4 unos hombres

Atividade B

As respostas podem variar. Possíveis respostas: 1 Tú tienes un hermano.; 2 Yo tengo un primo.; 3 Ellos tienen dos tías.; 4 Ustedes tienen tres sobrinas.

Sua vez

As respostas podem variar. 1 Sí, tengo dos tíos/ No, no tengo tíos.; 2 Sí, tengo tres sobrinos/ No, no tengo sobrinos.; 3 Sí, mis tíos tienen hijos/ No, mis tíos no tienen hijos.; 4 Sí, mis primos tienen hijos/ No, mis primos no tienen hijos.

Revisão

Atividade A

Gisela   Este es mi abuelo, Alfonso. Y esta es mi abuela, Ramona.
Carlos   ¿Quién es esta mujer?
Gisela   Ella es mi prima, Pía y este es su hermano, Pepe.
Carlos   ¿Esta es tu madre?
Gisela   No, esa es mi tía, Consuelo. Pía y Pepe son sus hijos.
Carlos   ¿Esta es tu madre?
Gisela   No, esta es mi tía Linda, la esposa de mi tío José. Él es el hermano de mi padre.
Carlos   Tu familia es grande. Y, ¿dónde está tu madre?
Gisela   Mis padres no están en la fiesta.

Atividade B

1 Ramona es su abuela; 2 Pía y Pepe son sus sobrinos; 3 Consuelo y Linda son sus tías; 4 José es su tío.

Atividade C

As respostas podem variar. Respostas possíveis:

Carlos   Mi familia es grande/ Mi familia es pequeña.
Carlos   Sí, tengo hermanos/ No, no tengo hermanos.
Carlos   Sí, tengo tíos/ No, no tengo tíos.

Atividade D

Carlos   ¿Es ese su nieto?
Alfonso No, este es mi nieto.
Carlos   ¿Quién es esa?
Alfonso Esa es mi sobrina.
Carlos   ¡Esas son sus hijas!
Alfonso No, esas son mis primas.

Atividade E

1 Ellos tienen dos hijos.; 2 Ellos tienen tres hijos.; 3 Ella tiene dos hijas.; 4 Él tiene un hijo.

Respostas das atividades

Unidade 5 Lição 1
Atividade A 1 T; 2 T; 3 F; 4 F

Atividade B 1 a; 2 b; 3 b; 4 b

Lição 2
Atividade A 1 la fruta; 2 el café; 3 la sopa; 4 la cerveza

Atividade B 1 Como pan y bebo café.; 2 Como fruta y bebo agua.; 3 Como sopa y bebo cerveza.

Lição 3
Atividade A 1 Tengo hambre.; 2 Tengo sed.; 3 Tengo hambre.; 4 Tengo sed.; 5 Tengo hambre.; 6 Tengo sed.

Atividade B 1 Tengo ganas de comer ensalada.; 2 Tengo ganas de beber jugo.

Atividade C 1 Vamos a desayunar.; 2 Vamos a almorzar.; 3 Vamos a cenar.

Lição 4
Atividade A 1 Dónde; 2 Cuál; 3 Quién; 4 Cuándo

Atividade B Respostas possíveis: 1 ¿Cuáles son sus hermanas?; 2 ¿Cómo es su casa?; 3 ¿Por qué está triste?; 4 ¿Qué día es hoy?; 5 ¿Quiénes son los niños?

Atividade C 1 Por qué; 2 Quién; 3 Cuándo; 4 Cuál; 5 Dónde

Sua vez 1 ¿Cómo se llama su madre?; 2 ¿Qué hora es?; 3 ¿Quiénes son ellos?; 4 ¿Quién es él?

Lição 5
Atividade A 1 b; 2 a; 3 a; 4 a

Atividade B 1 ¿Qué quiere de aperitivo?; 2 De aperitivo, quiero una ensalada; 3 ¿Y de plato principal?; 4 Quiero el pollo.

Lição 6
Atividade A 1 aperitivo; 2 plato principal; 3 postre; 4 plato principal

Atividade B 1 a; 2 b; 3 a; 4 Los vegetales vienen con el pescado.

Sua vez
As respostas podem variar. Uma resposta possível é:

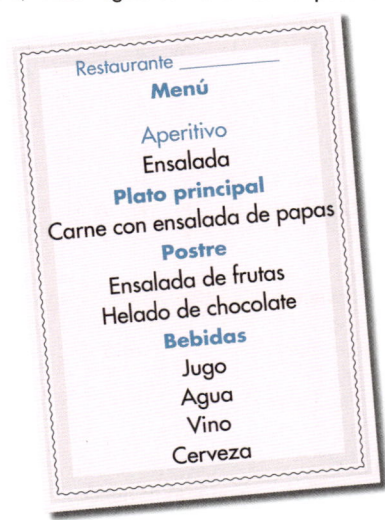

Restaurante
Menú
Aperitivo
Ensalada
Plato principal
Carne con ensalada de papas
Postre
Ensalada de frutas
Helado de chocolate
Bebidas
Jugo
Agua
Vino
Cerveza

Lição 7
Atividade A 1 Buen provecho.; 2 La cuenta, por favor.; 3 ¡Está delicioso!; 4 ¿Puedo ver la carta de vinos?

Atividade B 1 b; 2 a; 3 b; 4 a

Sua vez As respostas variam.

Lição 8
Atividade A 1 quiere; 2 queremos; 3 quieren; 4 Quiere

Atividade B

1 Quiero el pollo de aperitivo.; 2 No quiero queso de aperitivo.; 3 Quiero el pescado de plato principal.; 4 No quiero carne de plato principal.; 5 Quiero pastel de postre.; 6 No quiero helado de postre.

Revisão
Atividade A

De almuerzo (querer)
1 Quiero comer sopa y beber agua.; 2 Quieres comer sopa y beber agua.; 3 Quiere comer sopa y beber agua.; 4 Queremos comer sopa y beber agua.; 5 Ustedes quieren comer sopa y beber agua.; 6 Ellos quieren comer sopa y beber agua.
De cena (preferir)
1 Prefiero comer carne y beber cerveza.; 2 Prefieres comer carne y beber cerveza.; 3 Prefiere comer carne y beber cerveza.; 4 Preferimos comer carne y beber cerveza.; 5 Prefieren comer carne y beber cerveza.; 6 Prefieren comer carne y beber cerveza.

Atividade B

Café Español
Menú
Aperitivo
Plato de queso y frutas
Ensalada
Plato Principal
Pollo con vegetales
Carne con papas
Pescado
Postre
Pastel de chocolate

Atividade C

Julio Tengo hambre.
Eva ¿Qué quieres comer?
Julio Tengo ganas de comer pollo.
Eva Vamos a cenar.
No carro
Julio ¿Dónde está el restaurante?
Eva Está ahí.
No restaurante, antes de comer
Eva ¿Qué quieres de plato principal?
Julio Quiero pollo.
No restaurante, depois de comer
Eva Mesero, la cuenta, por favor.

Respostas das atividades

Unidade 6 Lição 1

Atividade A
1 c; 2 d; 3 b; 4 a

Atividade B

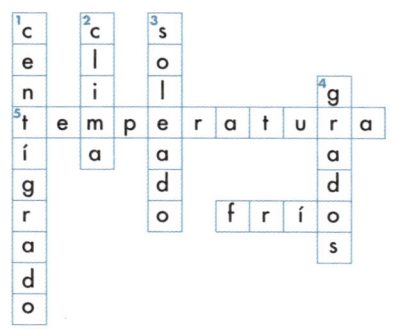

```
  c   c   s
  e   l   o
  n   i   l
          l       g
  t e m p e r a t u r a
  í   a   a       a
  g       d       d
  r       o   f r í o
  a               s
  d
  o
```

Lição 2

Atividade A

¿Cómo está el clima en Colombia?; Hace calor y está soleado.; ¿Cuál es la temperatura?; Estamos a cuarenta y tres grados centígrados.; ¿Sí? Aquí hace frío. Estamos a siete grados centígrados.

Atividade B
1 a ; 2 b; 3 b; 4 b

Atividade C
1 c; 2 b; 3 a; 4 d

Lição 3

Atividade A

¿Cuál es la temperatura?	¿Cómo está el clima?
35°C	Hace calor.
6°C	Hace buen tiempo.
32°F	Hace frío.

Atividade B   1 b; 2 d; 3 a; 4 c

Atividade C   1 a; 2 a; 3 b

Lição 4

Atividade A
1 Está; 2 Está; 3 estás; 4 estoy; 5 está; 6 están; 7 estamos; 8 están

Atividade B
1 está; 2 está; 3 Está; 4 Está

Sua vez   As respostas podem variar. Respostas possíveis:
Estoy (muy bien/bien/mal).
Estoy en mi casa./Estoy en (cidade ou país em que você mora).
Hace (buen/mal) tiempo./Está (soleado/nublado/lloviendo).
Estoy (alegre/triste).

Lição 5

Atividade A
actividades en el verano: jugar fútbol; nadar; correr
ropa de invierno: chaqueta; bufanda; guantes; botas

Atividade B 1 joga futebol; 2 inverno; 3 inverno; 4 Argentina, 33

Lição 6

Atividade A   As respostas devem variar entre es divertido e es aburrido.

Atividade B   1 ¿Qué está haciendo?; 2 ¿Qué hace usualmente?; 3 Durante el invierno yo usualmente (viajo).; 4 Tiene razón.

Sua vez   As respostas devem variar. Possíveis respostas são:
1 Ir a la playa es divertido; 2 lavar la ropa es aburrido;
3 Jugar fútbol es divertido; 4 Hacer ejercicio es aburrido.

Lição 7

Atividade A 1 las botas; 2 los guantes; 3 el sombrero; 4 la chaqueta
Atividade B 1 el otoño; 2 la primavera; 3 el invierno; 4 el verano
Atividade C 1 un sombrero; 2 guantes; 3 chaqueta; 4 sandalias

Lição 8

Atividade A 1 María juega fútbol.; 2 Jugamos fútbol.; 3 Juego fútbol.; 4 Juegan fútbol.

Atividade B
1 Juego vólibol.; 2 Juego golf.; 3 Juego a las cartas.; 4 Juego fútbol americano.

Atividade C 1 viajando; 2 jugando; 3 haciendo; 4 nadando

Atividade D
1 Yo estoy viajando.; 2 Él está jugando.; 3 Ellos están corriendo.; 4 Tú estás nadando.

Revisão

Atividade A 1 estar; 2 ser; 3 ser; 4 estar; 5 estar

Atividade B As respostas devem variar. Possíveis respostas são:
1 Estoy estudiando.; 2 Yo soy español.; 3 Ella es de Colombia.; 4 Nosotros estamos aburridos.; 5 Está lloviendo.

Atividade C

```
B P E V Z L Z S C S H K W Y J
X C L A C H A Q U E T A W V V
Q P Y C X Q Z M K D Y D P Y C
F D S L A P R I M A V E R A E
X D O B M N A B R Z E K P E S
Q Á L F L M S O L E A D O I T
F Q E A T E M P E R A T U R A
P Z Z Z Q G A L Q A W P E H R
Y E S T Á C Á L I D O D L L F
A I J U G A R E G Q J T J K W
B K V F Z R H V R E P J U O D
S Q W R J P K A P P J R N Y U
I T Y T A E Á R D B X L Q X N
```

Atividade D
Está lloviendo. ¿Dónde está mi paraguas?
Aquí está.
También hace frío. ¿Dónde está mi chaqueta?
Aquí está.
Mmmm, llueve mucho. ¿Dónde están mis botas?
¡Es tarde!

Desafio
Juego fútbol cuando está lloviendo.

Respostas das atividades

Unidade 7 Lição 1
Atividade A
1 c; 2 b; 3 b
Atividade B
1 a; 2 b; 3 a

Lição 2
Atividade A
1 a; 2 a; 3 b; 4 a
Atividade B
1 Estoy buscando un vestido.; 2 Necesito una camisa de talla mediana.; 3 Quiero comprar una falda.; 4 Necesito una talla pequeña.

Lição 3
Atividade A
1 la camiseta; 2 los pantalones; 3 el vestido; 4 la blusa; 5 la falda
Atividade B
1 a; 2 a; 3 a; 4 a

Lição 4
Atividade A
1 se; 2 nos; 3 se; 4 te
Atividade B
1 visten; 2 vistes; 3 visto; 4 vestimos; 5 visten

Sua vez

yo	me pruebo
tú	te pruebas
usted	se prueba
él/ella	se prueba
nosotros/as	nos probamos
vosotros/ustedes	os probáis/se prueban
ellos/ellas	se prueban

Lição 5
Atividade A
1 b; 2 b; 3 a; 4 b
Atividade B
1 a; 2 a; 3 b; 4 a

Lição 6
Atividade A
1 ¿Acepta tarjetas de débito?; 2 ¿Cuánto cuesta la falda?; 3 ¿Acepta cheques?; 4 Voy a pagar con tarjeta de crédito; 5 ¿Cuánto cuestan los pantalones?
Atividade B
1 caros; 2 muy cara; 3 barato; 4 baratos

Lição 7
Atividade A
1 cheque; 2 tarjeta de débito; 3 el recibo; 4 dinero
Atividade B
Tengo 500 dólares en efectivo en mi billetera. También tengo una tarjeta de crédito. Voy a comprar mucha ropa porque no hay impuestos.

Lição 8
Atividade A
1 más que; 2 menos que; 3 más que; 4 menos que
Atividade B
1 Alguien; 2 Ninguna; 3 Algunos; 4 Nadie

Revisão
Atividade A
1 Yo me pruebo la falda.; 2 Ellas se visten en la mañana.; 3 Nosotros nos probamos los pantalones.; 4 Él se viste con el mismo color.

Desafio

yo	me divirto
tú	te diviertes
usted	se divierte
él/ella	se divierte
nosotros/as	nos divertimos
vosotros/ustedes	os divertís/se divierten
ellos/ellas	se divierten

Atividade B
1 La camiseta cuesta menos que la falda. La falda cuesta más que la camiseta; 2 La blusa cuesta menos que el vestido. El vestido cuesta más que la blusa.; 3 Él abrigo cuesta más que los zapatos. Los zapatos cuestan menos que el abrigo.; 4 La falda cuesta menos que la corbata. La corbata cuesta más que la falda.

Atividade C

Palavras cruzadas:
- 5 horizontal: el cheque
- 6 horizontal: la falda
- 7 horizontal: la camisa
- 8 horizontal: el recibo
- 1 vertical: elefecte (e-l-e-f-e-c-t-v)
- 2 vertical: pequeña
- 3 vertical: ros
- 4 vertical: labus

Respostas das atividades

Unidade 8 Lição 1

Atividade A

1 chegar; 2 pegar; 3 caminhar

Atividade B

1 el Mercado de San Miguel; 2 a la oficina de turismo en la Plaza Mayor; 3 Pueden tomar el autobús, el metro o pueden caminar.; 4 Quiere ver la biblioteca y las iglesias viejas.

Lição 2

Atividade A

1 la biblioteca; 2 la estación de metro; 3 la escuela; 4 la iglesia; 5 la estación de tren; 6 la parada de autobús; 7 la oficina de correos; 8 el supermercado

Atividade B

1 b; 2 b; 3 a; 4 b

Lição 3

Atividade A

1 Quiero tomar el autobús. ¿Cómo llego a la parada de al autobús?; 2 Quiero tomar el tren. ¿Cómo llego a la estación de tren?; 3 Quiero tomar el metro. ¿Cómo llego a la estación de metro?

Atividade B

1 ¿Dónde está la estación de tren?; 2 ¿Cómo llego a la estación de metro?; 3 La estación del tren está cerca de la escuela; 4 Vamos a conseguir un mapa.

Atividade C

1 Para llegar a Plaza Mayor necesitas ir a la parada de autobús. Tienes que tomar el autobús número nueve.; 2 Para llegar a la iglesia tienes que tomar el tren.

Sua vez

Disculpe, necesito encontrar la parada de autobús. ¿Dónde está y cómo llego allí? Muchas gracias.

Lição 4

Atividade A

1 van; 2 va; 3 vamos; 4 vas

Atividade B

1 ¿A dónde va Luisa?; 2 ¿A dónde va Darío?; 3 ¿A dónde va el avión?; 4 ¿A dónde van sus tíos?

Atividade C

1 Ellos van al supermercado.; 2 Él va a la estación de metro; 3 Ellas van a la escuela; 4 Ella va a la iglesia.

Lição 5

Atividade A

1 b; 2 b; 3 a; 4 a

Atividade B

las 10:00; las 16:00; las 17:00

Lição 6

Atividade A

1 b; 2 d; 3 e; 4 c; 5 a

Atividade B

1 a; 2 a; 3 b; 4 b

Lição 7

Atividade A

1 El vuelo sale a las 12:30.; 2 ¿De qué puerta sale?; 3 ¿A qué sala llega?

Atividade B

1 a; 2 b; 3 a

Atividade C

1 El próximo vuelo a Puebla sale a las 17:20.; 2 Los vuelos a Madrid y Veracruz

Sua vez

El vuelo 1699, con destino a Madrid, sale a las 10h23 de la mañana y llega a Madrid a las 1h30 de la tarde.

Lição 8

Atividade A

1 Conoces; 2 conozco; 3 Conocemos; 4 Conocen

Atividade B

1 Yo lo bebo.; 2 Ella lo estudia.; 3 Tú las conoces.; 4 Ellos los llevan.

Sua vez

As respostas podem variar.

Revisão

Atividade A

Querida Clara:
Mi madre y yo estamos en Ecuador. Nosotros nos vamos a Quito mañana. ¿Tú conoces Quito? Yo lo conozco bien. Después nos vamos a Venezuela. ¿Conocen Venezuela? Un abrazo, Paco

Atividade B

Voy; mi vuelo sale a; al aeropuerto; boleto; equipaje; pasaporte; una estación de tren; cerca de; detrás de una iglesia; quiero tomar el metro

Atividade C

Augusto	¿Dónde está la oficina de correos?
Gabriela	Vamos a conseguir un mapa.
Augusto	Mira el mapa. La oficina de correos está a la derecha de la biblioteca.
Gabriela	Sí, y también está detrás del supermercado.
Augusto	Esta es la parada de autobús.
Gabriela	Sí. Ahí lo tomamos.

Desafio

yo sé; tú sabes; él/ella sabe; nosotros/nosotras sabemos; ustedes saben; ellos/ellas saben

Respostas das atividades

Unidade 9 Lição 1

Atividade A 1 b; 2 b; 3 b; 4 a

Atividade B 1 trabajó; 2 escribió; 3 cultura; 4 empieza

Lição 2

Atividade A
salón; el profesor; estudiantes; periodista; revista; estudiante

Atividade B
1 a la estudiante; b el estudiante; c el profesor
2 a la oficina; b el periodista; c la periodista

Lição 3

Atividade A
1 un profesor; 2 una periodista; 3 una periodista; 4 una profesora

Atividade B
1 ¿Qué quiere ser?; 2 Quiero ser un profesor.; 3 ¿Cuál es su profesión?; 4 Soy un periodista.

Sua vez   As respostas devem variar. Algumas respostas possíveis são: Hola, me llamo Ángel y soy periodista. ¿Cuál es su profesión? Yo soy reportero, pero quiero ser escritor.

Lição 4

Atividade A 1 trabajaste; 2 aprendió; 3 escribimos; 4 trabajaron

Atividade B
1 Yo trabajé en la oficina.; 2 Ustedes aprendieron inglés.; 3 Él vivió en Panamá.; 4 Tú comiste pollo.; 5 Ella escribió un artículo.; 6 Mariana y yo escribimos una tarjeta postal.

Lição 5

Atividade A 1 revisor de texto; 2 dois anos; 3 Banco Popular; 4 Periodico Metro Málaga; 5 um jornal

Atividade B 1 cargo desejado; 2 salário desejado

Lição 6

Atividade A 1 c; 2 a; 3 b; 4 b

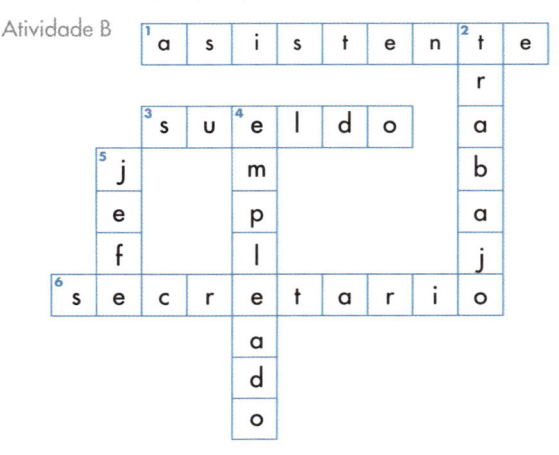

Atividade B

	1						2	
	a	s	i	s	t	e	n	t	e
							r	
	3 s	u	4 e	l	d	o		a
5 j			m					b
e			p					a
f			l					j
6 s	e	c	r	e	t	a	r	i	o
			a					
			d					
			o					

Sua vez

As respostas podem variar. Respostas possíveis: Tengo 5 empleados: dos asistentes y tres secretarias. Pago 25 dólares por hora a las secretarias y dieciocho dólares por hora a mi asistentes.

Lição 7

Atividade A

As respostas devem variar.
1 más difícil; 2 más fácil; 3 más fácil; 4 más difícil

Atividade B
1 ¿Por qué desea ser periodista?; 2 Me gusta ayudar; 3 ¿Cuánto tiempo ha trabajado allí?; 4 Trabajo allí desde hace dos años.

Lição 8

Atividade A
1 aprenderás; 2 trabajaré; 3 escribirán, 4 trabajaremos

Atividade B
1 Estudiaré francés; 2 Ayudaré a mi familia; 3 Visitaré más a mis tíos; 4 Leeré el Quijote; 5 Corregiré mi tesis; 6 Viajaré una vez al mes

Revisão

Atividade A

			1 e							2 l
3 l	a	p	r	o	f	e	s	o	r	a
			s							j
			e							e
			c							f
			r							a
4 e	l	e	s	t	u	d	i	a	n	t	5 e
			t							l
6 l	a	r	e	v	i	s	t	a		s
			r							u
			i							e
			o							l
										d
										o

Atividade B
1 ¿Cuándo trabajarán?; 2 ¿Cuándo aprendieron la canción?; 3 ¿Qué escribió ella para la revista *Semana*?

Atividade C
As respostas devem variar. Respostas possíveis:
1 Ernesto viajará a San Cristóbal la próxima semana.;
2 Veremos a Luis en la oficina.; 3 ¿Cuándo escribirá su artículo el estudiante?; 4 ¿Qué cocinarán ellos?

Atividade D
1 ¿Dónde trabajarás mañana?; 2 Porque quiero ayudar a la gente.; 3 Deseo este trabajo porque es más fácil.; 4 Laura y Lola escribieron el artículo ayer.

Desafio   salario; posición

Respostas das atividades

Unidade 10 Lição 1

Atividade A   1 b; 2 a; 3 b; 4 b

Atividade B

1 Sí, la va a ayudar.; 2 No quiere recoger la ropa.; 3 Él quiere organizar el armario.; 4 Él dice que pueden limpiar y pintar juntos.

Lição 2

Atividade A

As respostas devem variar. Respostas possíveis:

Amigo	¿Vives en una casa o en un apartamento?
Yo	Vivo en un apartamento.
Amigo	¿Cuántos cuartos hay?
Yo	Hay cinco cuartos.
Amigo	¿Cuáles son los cuartos más grandes?
Yo	Los cuartos más grandes son el dormitorio y la sala.

Atividade B

1 la sala; 2 la cocina; 3 el dormitorio; 4 el baño; 5 el comedor; 6 el armario

Lição 3

Atividade A

1 ¿Puedes ayudarme?; 2 No, no puedo ayudarte; 3 ¿Qué quieres que hagas?; 4 Ahora mismo.

Atividade B

1 ¿Puedes ayudarme?; 2 Sí, puedo ayudarte. ¿Qué quieres que haga?; 3 Recoge la ropa.; 4 Ahora mismo.

Lição 4

Atividade A

1 puedes; 2 puede; 3 pueden; 4 puede

Atividade B

Recoge la ropa.; Pinta el cuarto.; Organiza el armario.; Limpia el suelo.

Lição 5

Atividade A

1 a; 2 b; 3 a; 4 b

Atividade B

1 Catalina tuvo una buena semana.; 2 Estuvo divertido.; 3 Ella fue al club.; 4 Ella fue con su novio.

Atividade C

1 Fue a un concierto de Rock.; 2 Fue a comprar ropa con su madre.; 3 Fue al club con su novio.

Lição 6

Atividade A

1 Ellas fueron al bar.; 2 Ellos fueron al cine.; 3 Ellos fueron al teatro.; 4 Ellos fueron a un concierto.

Atividade B

1 ayer; 2 anteayer; 3 la semana pasada; 4 anoche

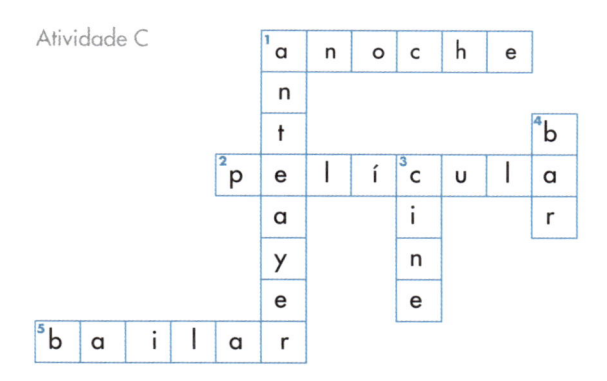

Atividade C

Crossword:
- 1 across: anoche
- 1 down: antes (a-n-t-e) / continues as "...ya e" — vertical: a, n, t, p, a, y, e
- 2 across: película
- 3 down: cine
- 4 down: bar
- 5 across: bailar

Lição 7

Atividade A   1 ¿Qué hiciste la semana pasada?; 2 ¿Qué quieres hacer?; 3 Quiero salir.; 4 Quiero quedarme en casa.

Atividade B

1	**Eduardo**	¿Qué quieres hacer esta noche?
2	**Estrella**	Quiero quedarme en casa esta noche.
3	**Eduardo**	Pero, quiero salir de la casa. ¿Quieres bailar?
4	**Estrella**	Fui a bailar con mis amigos ayer.
5	**Eduardo**	¿Vamos al cine?
6	**Estrella**	Fui al cine anoche.
7	**Eduardo**	Nos quedamos en casa esta noche. Eduardo decide quedarse en casa esa noche.

Sua vez   As respostas devem variar. Resposta possível: Esta noche quiero quedarme en casa y ver uma película.

Lição 8

Atividade A   1 ir; 2 ser; 3 ir; 4 ser

Atividade B   1 fui; 2 fuiste; 3 fue; 4 fuimos; 5 fueron; 6 fueron

Atividade C   1 Eu fui à casa de minha mãe ontem à noite.; 2 Você foi trabalhar ontem.; 3 Ele foi meu chefe por dois anos.; 4 Nós fomos ao jogo anteontem.; 5 Eles começaram a namorar durante o verão.; 6 Meus avós foram a Quito.

Sua vez   As respostas devem variar. Respostas possíveis: Anoche fui a la iglesia. Anteayer fui a bailar.

Revisão

Atividade A   1 baño; 2 película; 3 bailar; 4 pintar; 5 cocina

Atividade B   1 b; 2 a; 3 b; 4 a

Atividade C   As respostas devem variar. 1 Anoche fui al cine.; 2 La película fue de comedia.; 3 Los postres fueron helados de vainilla y chocolate; 4. No, no fuimos al concierto.

Atividade D   1 Ayúdame a limpiar.; 2 Ayúdeme a pintar.; 3 Recojan la ropa.; 4 Recoge el libro.

Desafio   1 ¿Puedes ayudarme a limpiar?; 2 ¿Puede ayudarme a pintar?; 3 ¿Pueden recoger la ropa?; 4 ¿Puedes recoger ese libro?

Respostas das atividades

Unidade 11 Lição 1

Atividade A

1 a; 2 b; 3 b; 4 b

Atividade B

1 a; 2 b; 3 a

Atividade C

Hola, Melissa. Quiero jugar el lunes. ¿Puedes jugar?

Lição 2

Atividade A

1 la natación; 2 el tenis; 3 el fútbol; 4 el ciclismo

Atividade B

1 el gimnasio; 2 peso; 3 gordo; 4 delgada, sana; 5 estrés; 6 enfermo

Atividade C

1 b; 2 a; 3 a; 4 b

Lição 3

Atividade A

1 Estoy sano.; 2 Quiero estar en forma.; 3 ¿Cómo se siente?; 4 Quiero bajar de peso.

Atividade B

1 a; 2 a; 3 b; 4 a; 5 a

Sua vez

Me siento mal. Estoy enferma. Necesito bajar de peso.

Lição 4

Atividade A

1 Él va a escribir.; 2 Voy a bailar.; 3 Ellos van a estudiar.; 4 Nosotros vamos a jugar.; 5 Tú vas a cocinar.; 6 Ella va a correr.

Atividade B

2 ¿Cuándo va a llamar?; 3 ¿Cuándo van a vivir en México?; 4 ¿Quién va a llamar?; 5 ¿Quiénes van a tomar cerveza?; 6 ¿Quién va a limpiar los cuartos?

Sua vez

Va a llover.; Ellos van a cenar.; Él va a jugar béisbol.; Ella va a escribir.

Lição 5

Atividade A 1 a; 2 a; 3 b; 4 a

Atividade B 1 b; 2 b; 3 a; 4 b; 5 a

Atividade C

La medicina para el resfriado ayuda con la fiebre y la tos y la medicina para la tos ayuda con el dolor de garganta. Las dos medicinas alivian la fiebre. La medicina de la tos alivia la fiebre y la medicina del resfriado alivia el dolor de garganta.

Lição 6

Atividade A

1 b; 2 b; 3 b

Atividade B

1. Él tiene dolor de estómago.; 2 Ella tiene tos.; 3 Él tiene dolor de cabeza.; 4 Ella tiene dolor de muela.

Sua vez

As respostas devem variar. Possíveis respostas: Él tiene tos y dolor de garganta. Necesita medicina para el resfriado y medicina para la tos.

Lição 7

Atividade A

1 Me duele la mano.; 2 Le duele la espalda.; 3 Me duelen las piernas.; 4 Le duele el brazo.

Atividade B

As respostas podem variar. Possíveis soluções: Estoy enfermo. Tengo fiebre. Me duele la cabeza y la espalda.

Atividade C

As respostas devem variar. Possíveis respostas: Carlos Ríos tiene fiebre. Le duele la cabeza y la espalda. Necesita medicina para el resfriado. El doctor le va a dar una receta.

Lição 8

Atividade A

As respostas podem variar.

Atividade B

1 A veces juego tenis.; 2 Siempre voy al gimnasio.; 3 Usualmente estoy sano.; 4 Juego tenis una vez a la semana.; 5 Nunca tomo medicina.; 6 Corro todos los días.

Atividade C

1 ¿Siempre vas a Cartagena en julio?; 2 ¿Usualmente viajas en el verano?; 3 ¿Almuerza Esteban en la casa todos los días?

Sua vez

1 Voy al cine cada mes.; 2 Hago ejercicios a veces; 3 Nunca voy al gimnasio; 4 Siempre voy al trabajo.

Revisão

Atividade A

Me siento bien.; Estoy sana.; No voy a ver a la dentista.; Tengo dolor de estómago.; No quiero ir al doctor.; Hago ejercicio porque quiero bajar de peso.

Atividade B

1 Me duele la cabeza.; 2 Voy a vivir en Perú.; 3 Hago ejercicio dos veces a la semana.; 4 Teresa va a correr en el parque.; 5 Vas a cocinar la cena.; 6 Me duelen los pies.

Atividade C

1 ciclismo; 2 tenis; 3 enfermo; 4 medicina; 5 fiebre; 6 dentista

Desafio

As respostas devem variar. Possíveis respostas:
Mañana voy a cocinar arroz con pollo.
A menudo veo películas para divertirme.
El próximo mes voy a viajar.

Créditos das fotos

Miolo

p. 10: (TR) © Jason Stitt 2008/Shutterstock, Inc., (RC) © Jason Stitt 2008/Shutterstock, Inc., (BR) © Edyta Pawlowska 2008/Shutterstock, Inc., (TL) © Orange Line Media 2008/Shutterstock, Inc.; p. 11: (TR) © Yuri Arcurs 2008/Shutterstock, Inc., (TRC) © Dmitriy Shironosov 2008/Shutterstock, Inc., (BRC) © 2008 Jupiter Images, Inc., (BR) © 2008 Jupiter Images, Inc.; p. 12: (TL) © Raia 2008/Shutterstock, Inc., (B, Bkgrd) © Lars Christensen 2008/Shutterstock, Inc., (BL, Inset) © Awe Inspiring Images 2008/ Shutterstock, Inc., (BLC, Inset) © Matt Trommer 2008/Shutterstock, Inc., (BRC, Inset) © Movit 2008/Shutterstock, Inc., (BR, Inset) © 2008 Jupiter Images, Inc., (TR) © ZTS 2008/Shutterstock, Inc.; p. 13: (TL) © Lisa F. Young 2008/Shutterstock, Inc., (TR) © 2008 Jupiter Images, Inc., (TRC) © 2008 Jupiter Images, Inc., (CL) © Bobby Deal 2008/Shutterstock, Inc., (CR) © 2008 Jupiter Images, Inc., (CLC) © 2008 Jupiter Images, Inc., (CRC) © Yuri Arcurs 2008/Shutterstock, Inc., (BLL) © 2008 Jupiter Images, Inc., (BL) © Yuri Arcurs 2008/Shutterstock, Inc., (BLC) © Konstantynov 2008/ Shutterstock, Inc., (BR) © Andresr 2008/Shutterstock, Inc.; p. 15: (TL) © Sandra G 2008/Shutterstock, Inc., (TR) © Pilar Echevarria 2008/Shutterstock, Inc., (TRC) © Lukas Wroblewski 2008/Shutterstock, Inc., (CRT) © Aura Castro 2008/Shutterstock, Inc., (CRB) © Edyta Pawlowska 2008/Shutterstock, Inc., (BLT) © photobank.ch 2008/ Shutterstock, Inc., (BLC) © Supri Suharjoto 2008/Shutterstock, Inc., (BL) © 2008 Jupiter Images, Inc., (BLB) © Niels Quist 2008/Shutterstock, Inc., (BRC) © Daniel Wiedemann 2008/Shutterstock, Inc.; p. 16: (C) © Raphael Ramirez Lee 2008/Shutterstock, Inc., (B) © Silvia Bukovac 2008/Shutterstock, Inc.; p. 17: (T) © Yuri Arcurs 2008/Shutterstock, Inc., (B) © Dmitriy Shironosov 2008/Shutterstock, Inc.; p. 18: © Galyna Andrushko 2008/Shutterstock, Inc.; p. 19: (TL, Inset) © Pavel Sazonov 2008/Shutterstock, Inc., (TLC, Inset) © Nick Stubbs 2008/Shutterstock, Inc., (TRC, Inset) © Dario Diament 2008/Shutterstock, Inc., (TR, Inset) © Khoroshunova Olga 2008/Shutterstock, Inc., (BLL, Inset) © Daniel Gale 2008/Shutterstock, Inc., (BL, Inset) © Juris Korjakins 2008/ Shutterstock, Inc., (BLC, Inset) © Stepan Jezek 2008/Shutterstock, Inc., (BRC, Inset) © Eduardo Cervantes 2008/Shutterstock, Inc., (BR, Inset) © Elena Elisseeva 2008/ Shutterstock, Inc., (C) © Doug Raphael 2008/Shutterstock, Inc., (BR) © Kiselev Andrey Valerevich 2008/Shutterstock, Inc.; p. 20: (TLL) © photobank.ch 2008/Shutterstock, Inc., (TLC) © Yuri Arcurs 2008/Shutterstock, Inc., (TLR) © vgstudio 2008/Shutterstock, Inc., (TR, Bkgrd) © iofoto 2008/Shutterstock, Inc., (TR, Inset) © Stacy Barnett 2008/ Shutterstock, Inc., (CLL) © BESTWEB 2008/Shutterstock, Inc., (CLC) © Lexx 2008/ Shutterstock, Inc., (CLR) © Alexey Nikolaew 2008/Shutterstock, Inc., (B) © Vibrant Image Studio 2008/Shutterstock, Inc., (BLL) © Vladimir Melnik 2008/Shutterstock, Inc., (BLC) © Denise Kappa 2008/Shutterstock, Inc., (BLR) © MalibuBooks 2008/ Shutterstock, Inc., (BCL) © fckncg 2008/Shutterstock, Inc., (BCR) © Hannu Lilvaar 2008/Shutterstock, Inc., (R, Bkgrd) © Arthur Eugene Preston 2008/Shutterstock, Inc., (LL, Inset) © Kristian Sekulic 2008/Shutterstock, Inc., (LC, Inset) © Sandy Maya Matzen 2008/Shutterstock, Inc., (C, Inset) © Galina Barskaya 2008/Shutterstock, Inc., (RC, Inset) © Rob Wilson 2008/Shutterstock, Inc., (RR, Inset) © Luminis 2008/Shutterstock, Inc.; p. 21: (T) © Nagy-Bagoly Arpad 2008/Shutterstock, Inc., (L) © Yuri Arcurs 2008/Shutterstock, Inc., (CL) © Dmitriy Shironosov 2008/Shutterstock, Inc., (CRL) © Erik Lam 2008/Shutterstock, Inc., (CRC) © Suponev Vladimir Mihajlovich 2008/ Shutterstock, Inc., (CRR) © mlorenz 2008/Shutterstock, Inc., (B) © Vaclav Volrab 2008/Shutterstock, Inc., (BR) © Doug Raphael 2008/Shutterstock, Inc.; p. 22: (TL) © Andresr 2008/Shutterstock, Inc., (TR) © Ustyujanin 2008/Shutterstock, Inc., (CL) © Andrey Armyagov 2008/Shutterstock, Inc., (CRL) © Margo Harrison 2008/ Shutterstock, Inc., CR) © Yuri Arcurs 2008/Shutterstock, Inc., (CRR) © Hannu Lilvaar 2008/Shutterstock, Inc., (CRB) © melkerw 2008/Shutterstock, Inc., (BL) © pandapaw 2008/Shutterstock, Inc., (BLC) © Rafa Irusta 2008/Shutterstock, Inc., (BR) © Kiselev Andrey Valerevich 2008/Shutterstock, Inc.; p. 23: © Sam DCruz 2008/Shutterstock, Inc.; p. 24: (TL) © Scott Waldron 2008/Shutterstock, Inc., (BR) © Jason Stitt 2008/ Shutterstock, Inc.; p. 25: (TL) © 2008 Jupiter Images, Inc., (TR) © J2008 upiter Images, Inc., (TRC) © J2008 upiter Images, Inc., (C) © David Gilder 2008/Shutterstock, Inc., (BL) © Andy Lim 2008/Shutterstock, Inc., (BRC) © J2008 upiter Images, Inc., (BR) © J2008 upiter Images, Inc.; p. 26: (TL) © 2008 Jupiter Images, Inc., (TR) © Monkey Business Images 2008/Shutterstock, Inc., (RC) © Andrejs Pidjass 2008/Shutterstock, Inc., (BR) © Donna Heatfield 2008/Shutterstock, Inc.; p. 27: (TL) © Nick Stubbs 2008/ Shutterstock, Inc., (TLC) © Daniela Mangiuca 2008/Shutterstock, Inc., (TR) © Vladimir Mucibabic 2008/Shutterstock, Inc., (LCL) © Tomasz Pietryszek 2008/Shutterstock, Inc., (LCR) © Michael Ransburg 2008/Shutterstock, Inc., (LC) © Philip Date 2008/ Shutterstock, Inc., (BL) © Raia 2008/Shutterstock, Inc.; p. 28: (T, Bkgrd) © yurok 2008/Shutterstock, Inc., (T, Inset) © 2008 Jupiter Images, Inc., (L, Inset) © Stephen Mcsweeny 2008/Shutterstock, Inc., (R) © Steve Luker 2008/Shutterstock, Inc., (R, Inset) © Tatiana Strelkova 2008/Shutterstock, Inc., (C, Inset) © Michelle Marsan 2008/ Shutterstock, Inc., (CR) © MaxFX 2008/Shutterstock, Inc., (BC) © MaxFX 2008/ Shutterstock, Inc., (BRC) © Steve Luker 2008/Shutterstock, Inc., (BR) © Bart Everett 2008/Shutterstock, Inc.; p. 29: (TL) © Andresr 2008/Shutterstock, Inc., (TR) © laurent hamels 2008/Shutterstock, Inc., (BR) © Fatini Zulnaidi 2008/Shutterstock, Inc.; p. 30: (TL) © Konstantin Remizov 2008/Shutterstock, Inc., (BL) © Leo Blanchette 2008/ Shutterstock, Inc.; p. 31: (TR) © Lukyanov Mikhail 2008/Shutterstock, Inc., (TRC) © Mandy Godbehear 2008/Shutterstock, Inc., (LC) © Karen Struthers 2008/Shutterstock, Inc., (RC) © Monkey Business Images 2008/Shutterstock, Inc., (BRC) © Monkey Business Images 2008/Shutterstock, Inc., (BR) © Monkey Business Images 2008/ Shutterstock, Inc.; p. 32: (T) © Rafa Irusta 2008/Shutterstock, Inc., (TL) © Gina Sanders 2008/Shutterstock, Inc., (TLC) © 2008 Jupiter Images, Inc., (TRC) © iofoto 2008/Shutterstock, Inc., (TR) © Morgan Lane Photography 2008/Shutterstock, Inc., (CL) © tinatka 2008/Shutterstock, Inc., (CR) © Elena Ray 2008/Shutterstock, Inc., (BL) © George Dolgikh 2008/Shutterstock, Inc., (BC) © David Hyde 2008/Shutterstock, Inc., (BRC) © J. Helgason 2008/Shutterstock, Inc., (BR) © Julian Rovagnati 2008/ Shutterstock, Inc.; p. 34: (TR) © Gelpi 2008/Shutterstock, Inc., (RC) © 2008 Jupiter Images, Inc., (B) © Phil Date 2008/Shutterstock, Inc.; p. 35: (T) © Dmitriy Shironosov 2008/Shutterstock, Inc., (TRC) © Simone van den Berg 2008/Shutterstock, Inc., (TR) © 2008 Jupiter Images, Inc., (BL) © icyimage 2008/Shutterstock, Inc., (BLC) © Tomasz Trojanowski 2008/Shutterstock, Inc., (BRL) © Dmitry Yashkin 2008/Shutterstock, Inc., (BRB) © Kurhan 2008/Shutterstock, Inc., (BRC) © Ustyujanin 2008/Shutterstock, Inc., (BR) © RTimages 2008/Shutterstock, Inc.; p. 36: (BL) © Mike Flippo 2008/ Shutterstock, Inc., (BR) © Pakhnyushcha 2008/Shutterstock, Inc.; p. 37: (T) © Christian Wheatley 2008/Shutterstock, Inc., (TL) © Simon Krzic 2008/Shutterstock, Inc., (TLC) © Edyta Pawlowska 2008/Shutterstock, Inc., (TC) © MWProductions 2008/Shutterstock, Inc., (TRC) © Dusaleev Viatcheslav 2008/Shutterstock, Inc., (TR) © Olga Lyubkina 2008/Shutterstock, Inc.; p. 38: (CL) © Andresr 2008/Shutterstock, Inc., (CR) © T-Design 2008/Shutterstock, Inc., (B) © Ivan Jelisavic 2008/Shutterstock, Inc., (BL) © Jason Stitt 2008/Shutterstock, Inc., (BR) © Dimitrije Paunovic 2008/Shutterstock, Inc., (Bkgrd) © khz 2008/Shutterstock, Inc.; p. 39: (TL) © Vibrant Image Studio 2008/ Shutterstock, Inc., (TR) © Ersler Dmitry 2008/Shutterstock, Inc., (TRC) © Jeanne Hatch 2008/Shutterstock, Inc., (L) © iofoto 2008/Shutterstock, Inc., (CL) © iofoto 2008/ Shutterstock, Inc., (BL) © iofoto 2008/Shutterstock, Inc., (BRC) © Jaren Jai Wicklund 2008/Shutterstock, Inc., (BR) © Adam Borkowski 2008/Shutterstock, Inc.; p. 40: (TL) © Lisa F. Young 2008/Shutterstock, Inc., (TRC) © Martin Valigursky 2008/Shutterstock, Inc., (TR) © Monkey Business Images 2008/Shutterstock, Inc., (RCT) © Vibrant Image Studio 2008/Shutterstock, Inc., (RCB) © Monkey Business Images 2008/Shutterstock, Inc., (R) © Sonya Etchison 2008/Shutterstock, Inc., (BRC) © Denise Kappa 2008/ Shutterstock, Inc., (BR) © Monkey Business Images 2008/Shutterstock, Inc.; p. 41: (TL) © Evgeny V. Kan 2008/Shutterstock, Inc., (TR) © Carme Balcells 2008/Shutterstock, Inc., (L) © Sandra G 2008/Shutterstock, Inc., (LC) © Kurhan 2008/Shutterstock, Inc., (RC) © Simon Krzic 2008/Shutterstock, Inc., (C) © Konstantin Sutyagin 2008/ Shutterstock, Inc., (R) © Carme Balcells 2008/Shutterstock, Inc., (BL) © Lexx 2008/ Shutterstock, Inc., (BLC) © Allgord 2008/Shutterstock, Inc., (BRC) © Sandra G 2008/ Shutterstock, Inc., (BR) © Andriy Goncharenko 2008/Shutterstock, Inc., (BBL) © Dagmara Ponikiewska 2008/Shutterstock, Inc., (BBR) © KSR 2008/Shutterstock, Inc.; p. 42: (TL) © Lisa F. Young 2008/Shutterstock, Inc., (B) © Elena Ray 2008/ Shutterstock, Inc., (BL) © Najin 2008/Shutterstock, Inc., (BR) © Elena Ray 2008/ Shutterstock, Inc.; p. 43: (TL) © Losevsky Pavel 2008/Shutterstock, Inc., (TR) © Ustyujanin 2008/Shutterstock, Inc., (B) © Elena Ray 2008/Shutterstock, Inc., (BL) © Elena Ray 2008/Shutterstock, Inc., (BLC) © Vitezslav Halamka 2008/Shutterstock, Inc., (BRC) © Vitezslav Halamka 2008/Shutterstock, Inc., (BR) © Robin Mackenzie 2008/ Shutterstock, Inc.; p. 44: (TL) © Serghei Starus 2008/Shutterstock, Inc., (TLC) © Jaimie Duplass 2008/Shutterstock, Inc., (BL) © Rui Vale de Sousa 2008/Shutterstock, Inc., (BLC) © Steve Snowden 2008/Shutterstock, Inc., (BR) © 2008 Jupiter Images, Inc.; p. 45: (TL) © Monkey Business Images 2008/Shutterstock, Inc., (TR) © Sandra G 2008/ Shutterstock, Inc., (BL) © Monkey Business Images 2008/Shutterstock, Inc., (BR) © Konstantin Sutyagin 2008/Shutterstock, Inc.; p. 46: (TL) © Sergey Rusakov 2008/ Shutterstock, Inc., (TLC) © Joe Gough 2008/Shutterstock, Inc., (TR) © RexRover 2008/ Shutterstock, Inc., (TRC) © Valentyn Volkov 2008/Shutterstock, Inc., (CR) © Rudchenko Liliia 2008/Shutterstock, Inc., (R) © imageZebra 2008/Shutterstock, Inc., (BL) © Ljupco Smokovski 2008/Shutterstock, Inc., (BLC) © Peter Polak 2008/Shutterstock, Inc., (BRC) © Edyta Pawlowska 2008/Shutterstock, Inc., (BR) © Edyta Pawlowska 2008/ Shutterstock, Inc.; p. 47: (TL) © Edyta Pawlowska 2008/Shutterstock, Inc., (TRC) © Dusan Zidar 2008/Shutterstock, Inc., (TR) © Supri Suharjoto 2008/Shutterstock, Inc., (R) © Edw 2008/Shutterstock, Inc., (RC) © Monkey Business Images 2008/ Shutterstock, Inc., (BLC) © JanP 2008/Shutterstock, Inc., (BL) © Viktor1 2008/ Shutterstock, Inc., (BR) © 2008 Jupiter Images, Inc.; p. 48: (TL) © Ana Blazic 2008/ Shutterstock, Inc., (TR) © Alexander Shalamov 2008/Shutterstock, Inc., (R) © Phil Date 2008/Shutterstock, Inc., (BR) © Dragan Trifunovic 2008/Shutterstock, Inc.; p. 49: (TL) © Steve Luker 2008/Shutterstock, Inc., (BL) © Andre Nantel 2008/Shutterstock, Inc.; p. 50: (TL) © 2008 Jupiter Images, Inc., (TLC) © Viktor1 2008/Shutterstock, Inc., (TRC) © Robyn Mackenzie 2008/Shutterstock, Inc., (TR) © Joe Gough 2008/Shutterstock, Inc., (L) © Jackie Carvey 2008/Shutterstock, Inc., (LC) © Anna Nizami 2008/Shutterstock, Inc.; (B) © Andrejs Pidjass 2008/Shutterstock, Inc., (BL) © Sarune Zurbaite 2008/ Shutterstock, Inc., (BLC) © Bochkarev Photography 2008/Shutterstock, Inc., (BRC) © Liv Friis-Larsen 2008/Shutterstock, Inc., (BR) © Kheng Guan Toh 2008/Shutterstock, Inc., p. 51: (TL) © Rene Jansa 2008/Shutterstock, Inc., (TRC) © Joe Gough 2008/ Shutterstock, Inc., (TR) © Valentin Mosichev 2008/Shutterstock, Inc., (CR) © Olga Lyubkina 2008/Shutterstock, Inc., (R) © Joe Gough 2008/Shutterstock, Inc., (BL) © 2008 Jupiter Images, Inc., (BRC) © Paul Maguire 2008/Shutterstock, Inc., (BR) © Viktor1 2008/Shutterstock, Inc.; p. 52: (TL) © 2008 Jupiter Images, Inc., (BL) © Alfred Wekelo 2008/Shutterstock, Inc., (BR) © Keith Wheatley 2008/Shutterstock, Inc.; p. 53: (TL) © Lisa F. Young 2008/Shutterstock, Inc., (BL) © David P. Smith 2008/Shutterstock, Inc., (BLC) © Dusan Zidar 2008/Shutterstock, Inc., (BRC) © David P. Smith 2008/ Shutterstock, Inc., (BR) © Monkey Business Images 2008/Shutterstock, Inc.; p. 54: (TL) © Stepanov 2008/Shutterstock, Inc., (TLC) © Ilker Canikligil 2008/Shutterstock, Inc., (CL) © Joe Gough 2008/Shutterstock, Inc., (CLC) © Bjorn Heller 2008/Shutterstock, Inc., (R) © Darren Baker 2008/Shutterstock, Inc.; p. 55: (TL) © Konstantin Sutyagin 2008/Shutterstock, Inc., (TLC) © Monkey Business Images 2008/Shutterstock, Inc., (BC) © Mark Bond 2008/Shutterstock, Inc., (BRC) © Galyna Andrushko 2008/ Shutterstock, Inc., (BR) © 2008 Jupiter Images, Inc.; p. 56: (T) © Victor Burnside 2008/

Créditos das fotos

Shutterstock, Inc., (TL) © Marcel Mooij 2008/Shutterstock, Inc., (TR) © Ekaterina Starshaya 2008/Shutterstock, Inc., (TRC) © Zaporozchenko Yury 2008/Shutterstock, Inc., (L) © MaxFX 2008/Shutterstock, Inc., (LC) © Zoom Team 2008/Shutterstock, Inc., (BRC) © Ronald van der Beek 2008/Shutterstock, Inc., (BR) © Yakobchuk Vasyl 2008/Shutterstock, Inc.; p. 57: (TL) © Kruchankova Maya 2008/Shutterstock, Inc., (TR) © Yuri Arcurs 2008/Shutterstock, Inc., (TRC) © Stas Volik 2008/Shutterstock, Inc., (CB) © iofoto 2008/Shutterstock, Inc., (CT) © pdtnc 2008/Shutterstock, Inc., (R, Inset) © J2008 upiter Images, Inc., (R, Bkgrd) © Jeff Gynane 2008/Shutterstock, Inc., (BR) © Andrey Armyagov 2008/Shutterstock, Inc.; p. 58: (TR) © Peter Wey 2008/ Shutterstock, Inc., (TRC) © Peter Wey 2008/Shutterstock, Inc., (RC) © Tatiana Grozetskaya 2008/Shutterstock, Inc., (BRC) © Serg64 2008/Shutterstock, Inc., (BR) © Petrenko Andriy 2008/Shutterstock, Inc.; p. 59: (TL) © Val Thoermer 2008/ Shutterstock, Inc., (BRC) © Andresr 2008/Shutterstock, Inc., (BR) © Lorraine Swanson 2008/Shutterstock, Inc.; p. 60: (TL) © llike 2008/Shutterstock, Inc., (L) © 2008 Jupiter Images, Inc., (LC) © Kiselev Andrey Valrevich 2008/Shutterstock, Inc., (BL) © Anton Gvozdikov 2008/Shutterstock, Inc., (BLC) © Liv Friis-Larsen 2008/Shutterstock, Inc.; p. 61: (T) © Anatoliy Samara 2008/Shutterstock, Inc., (TL) © Patricia Hofmeester 2008/ Shutterstock, Inc., (TLC) © yuyuangc 2008/Shutterstock, Inc., (TRC) © Austra 2008/ Shutterstock, Inc., (TR) © Michael Nguyen 2008/Shutterstock, Inc., (BL) © stocksnapp 2008/Shutterstock, Inc., (BLC) © Robyn Mackenzie 2008/Shutterstock, Inc., (BRC) © Andrew N. Ilyasov 2008/Shutterstock, Inc., (BR) © miskolin 2008/Shutterstock, Inc.; p. 62: (TL) © hanzi 2008/Shutterstock, Inc., (TLC) © Andresr 2008/Shutterstock, Inc., (TRC) © NAtalia Siverina 2008/Shutterstock, Inc., (TR) © Lario Tus 2008/Shutterstock, Inc., (BL) © Valery Potapova 2008/Shutterstock, Inc., (BLC) © Denis Pepin 2008/ Shutterstock, Inc., (BRC) © Orange Line Media 2008/Shutterstock, Inc., (BR) © Rod Ferris 2008/Shutterstock, Inc.; p. 63: (RC) © Viktor Pryymachuk 2008/Shutterstock, Inc., (BRC) © Kokhanchikov 2008/Shutterstock, Inc., (BR) © Olly 2008/Shutterstock, Inc.; p. 64: (TL) © Carlos E. Santa Maria 2008/Shutterstock, Inc., (RTL) © istihza 2008/Shutterstock, Inc., (RT) © Andrey Armyagov 2008/Shutterstock, Inc., (RTR) © Letova 2008/Shutterstock, Inc., (RCL) © Terekhov Igor 2008/Shutterstock, Inc., (RC) © Terekhov Igor 2008/Shutterstock, Inc., (RCR) © Terekhov Igor 2008/Shutterstock, Inc., (RBL) © Letova 2008/Shutterstock, Inc., (RB) © Letova 2008/Shutterstock, Inc., (RBR) © istihza 2008/Shutterstock, Inc., (BL) © Gladskikh Tatiana 2008/Shutterstock, Inc.; p. 65: (TL) © Andrey Armyagov 2008/Shutterstock, Inc., (BL) © Janos Gehring 2008/ Shutterstock, Inc.; p. 66: (TL) © Losevsky Pavel 2008/Shutterstock, Inc., (TLC) © Apollofoto 2008/Shutterstock, (TC) © Yuri Arcurs 2008/Shutterstock, Inc., (TRC) © Peter Gudella 2008/Shutterstock, Inc., (TR) © Andresr 2008/Shutterstock, Inc., Inc., (L) © Kurhan 2008/Shutterstock, Inc., (LC) © Andrew Lewis 2008/Shutterstock, Inc., (RC) © istihza 2008/Shutterstock, Inc., (BL) © Dario Sabljak 2008/Shutterstock, Inc., (BLC) © R. Gino Santa Maria 2008/Shutterstock, Inc., (BRC) © Eleonora Kolomiyets 2008/Shutterstock, Inc., (BR) © maxstockphoto 2008/Shutterstock, Inc.; p. 67: © Chin Kit Sen 2008/Shutterstock, Inc.; p. 68: (LC) © Dmitriy Shironosov 2008/Shutterstock, Inc., (RC) © Mityukhin Oleg Petrovich 2008/Shutterstock, Inc., (BR) © Loannis Loannou 2008/Shutterstock, Inc.; p. 69: (TL) © Stanislav Mikhalev 2008/Shutterstock, Inc., (TRC) © stocksnapp 2008/Shutterstock, Inc., (TR) © Ali Ender Birer 2008/ Shutterstock, Inc., (BRC) © Olga&Elnur 2008/Shutterstock, Inc., (BR) © GoodMood Photo 2008/Shutterstock, Inc.; p. 70: (TL) © Pazol 2008/Shutterstock, Inc., (TR) © 2008 Jupiter Images, Inc., (BL) © Jill Battaglia 2008/Shutterstock, Inc., (BR, Bkgrd) © Andresr 2008/Shutterstock, Inc., (B) © Tomasz Trojanowski 2008/Shutterstock, Inc., (BR, Inset) © Rafael Ramirez Lee 2008/Shutterstock, Inc.; p. 71: (TL) © Jason Stitt 2008/Shutterstock, Inc., (BL) © Dario Sabljak 2008/Shutterstock, Inc., (BLC) © Olexander Nerubayev 2008/Shutterstock, Inc., (BRC) © Mike Flippo 2008/ Shutterstock, Inc., (BR) © Andrejs Pidjass 2008/Shutterstock, Inc.; p. 72: (LTL) © Vasina Natalia 2008/Shutterstock, Inc., (LTLC) © Eleonora Kolomiyets 2008/Shutterstock, Inc., (LTRC) © Letova 2008/Shutterstock, Inc., (LTR) © Letova 2008/Shutterstock, Inc., (LBL) © Dario Sabljak 2008/Shutterstock, Inc., (LBLC) © Serg64 2008/Shutterstock, Inc., (LBRC) © Baloncici 2008/Shutterstock, Inc., (LBR) © ultimathule 2008/Shutterstock, Inc., (RTL) © Oddphoto 2008/Shutterstock, Inc., RTLC) © Vasina Natalia 2008/ Shutterstock, Inc., (RTR) © c. 2008/Shutterstock, Inc., ((RBLC) © Stephen Bonk 2008/ Shutterstock, Inc., (RBRC) © istihza 2008/Shutterstock, Inc., (RBR) © LoopAll 2008/ Shutterstock, Inc.; p. 73: (TL) © Factoria singular fotografia 2008/Shutterstock, Inc., (TR) © Jose Correia Marafona 2008/Shutterstock, Inc., (RC) © Junial Enterprises 2008/Shutterstock, Inc., (BR) © Kristian Sekulic 2008/Shutterstock, Inc.; p. 74: (TL) © 2008 Jupiter Images, Inc., (TLC) © 2008 Jupiter Images, Inc., (TRC) © 2008 Jupiter Images, Inc., (TR) © 2008 Jupiter Images, Inc., (CL) © 2008 Jupiter Images, Inc., (C) © 2008 Jupiter Images, Inc., (CR) © 2008 Jupiter Images, Inc., (B) © Phil Date 2008/ Shutterstock, Inc., (BL) © 2008 Jupiter Images, Inc., (BR) © 2008 Jupiter Images, Inc.; p. 75: (TL) © Diego Cervo 2008/Shutterstock, Inc., (TC) © Vibrant Image Studio 2008/Shutterstock, Inc., (C) © Mikael Damkier 2008/Shutterstock, Inc., (BC) © Blaz Kure 2008/Shutterstock, Inc.; p. 76: (TL) © prism_68 2008/Shutterstock, Inc., (TRC) © bhowe 2008/Shutterstock, Inc., (TR) © Losevsky Pavel 2008/Shutterstock, Inc., (RC) © Elena Elisseeva 2008/Shutterstock, Inc., (BRC) © Russell Shively 2008/Shutterstock, Inc., (BR) © Mark Stout Photography 2008/Shutterstock, Inc.; p. 77: © Yuri Arcurs 2008/Shutterstock, Inc.; p. 78: (TLR) © Andresr 2008/Shutterstock, Inc., (TLL) © LesPalenik 2008/Shutterstock, Inc., (TR) © Darryl Brooks 2008/Shutterstock, Inc., (TRC) © Danny Smythe 2008/Shutterstock, Inc., (CL) © dubassy 2008/Shutterstock, Inc., (RC) © Rob Wilson 2008/Shutterstock, Inc., (BRC) © vm 2008/Shutterstock, Inc., (BL) © Eduard Stelmakh 2008/Shutterstock, Inc., (BR) © kozvic49 2008/Shutterstock, Inc.; p. 79: (TL) © Robert Paul van Beets 2008/Shutterstock, Inc., (R) © tkachuk 2008/ Shutterstock, Inc., (BL) © Hu Xiao Fang 2008/Shutterstock, Inc., (BR) © Vladimir Mucibabic 2008/Shutterstock, Inc.; p. 80: (TL) © 2008 Jupiter Images, Inc., (L) © Gert Johannes Jacobus Vrey 2008/Shutterstock, Inc., (TR) © Simone van den Berg 2008/ Shutterstock, Inc., (CR) © Howard Sandler 2008/Shutterstock, Inc., (BC) © Hannamariah 2008/Shutterstock, Inc., (BR) © Pinkcandy 2008/Shutterstock, Inc.; p. 81: (TL) © Doug Raphael 2008/Shutterstock, Inc.; p. 82: (TR) © Jose AS Reyes 2008/ Shutterstock, Inc., (L) © Zsolt Nyulaszi 2008/Shutterstock, Inc.; p. 83: (TL) © 2008 Jupiter Images, Inc., (RC) © 2008 Jupiter Images, Inc., (BLC) © Darko Novakovic 2008/Shutterstock, Inc., (BR) © 2008/Shutterstock, Inc.; p. 84: (TL) © Janos Gehring 2008/Shutterstock, Inc., (L) © 2008 Jupiter Images, Inc., (LC) © Monkey Business Images 2008/Shutterstock, Inc., (R) © Tatiana Popova 2008/Shutterstock, Inc., (BL) © 2008 Jupiter Images, Inc., (BLC) © Pedro Nogueira 2008/Shutterstock, Inc., (BRC) © Netbritish 2008/Shutterstock, Inc., (BR) © Laser222 2008/Shutterstock, Inc.; p. 85 © 2008 Jupiter Images, Inc.; p. 86: (T) © khz 2008/Shutterstock, Inc., (B) © 2008 Jupiter Images, Inc.; p. 87: (TL) © 2008 Jupiter Images, Inc., (TR) © Rob Byron 2008/ Shutterstock, Inc.; p. 88: (TL) © 2008 Jupiter Images, Inc., (B) © 2008 Jupiter Images, Inc.,(BL) © 2008 Jupiter Images, Inc., (BR) © 2008 Jupiter Images, Inc.; p. 89: (TL) © Simone van den Berg 2008/Shutterstock, Inc., (BL) © 2008 Jupiter Images, Inc., (BLC) © Katrina Brown 2008/Shutterstock, Inc., (BC) © Natalia Sinjushina 2008/ Shutterstock, Inc., (BRC) © Vinicius Tupinamba 2008/Shutterstock, Inc., (BR) © Natalia Siverina 2008/Shutterstock, Inc.; p. 91: (TL) © Kristian Sekulic 2008/Shutterstock, Inc., (TL) © Tyler Olson 2008/Shutterstock, Inc.; p. 92: (TL) © Ingvald Kaldhussater 2008/ Shutterstock, Inc., (TRC) © Sklep Spozywczy 2008/Shutterstock, Inc., (TR) © Kaulitz 2008/Shutterstock, Inc., (RC) © Phase4Photography 2008/Shutterstock, Inc., (R) © Henrik Andersen 2008/Shutterstock, Inc., (B) © Phase4Photography 2008/ Shutterstock, Inc., (BRC) © Semjonow Juri 2008/Shutterstock, Inc., (BR) © Konstantin Sutyagin 2008/Shutterstock, Inc.; p. 93: (TL) © 2008 Jupiter Images, Inc., (TR) © 2008 Jupiter Images, Inc., (BRC) © 2008 Jupiter Images, Inc., (BR) © 2008 Jupiter Images, Inc.; p. 94: (T) © Tomasz Trojanowski 2008/Shutterstock, Inc., (TL) © Gelpi 2008/ Shutterstock, Inc., (TLC) © Nikolay Tarkhanov 2008/Shutterstock, Inc., (TRC) © 2008 Jupiter Images, Inc., (TR) © Matka Wariatka 2008/Shutterstock, Inc., (BL) © Glenda M. Powers 2008/Shutterstock, Inc., (BLC) © Andresr 2008/Shutterstock, Inc., (BRC, Bkgrd) © Howard Sandler 2008/Shutterstock, Inc., (BRC, Inset) © Losevsky Pavel 2008/Shutterstock, Inc., (BR) © Bill Lawson 2008/Shutterstock, Inc.; p. 95: (TL) © Darren Baker 2008/Shutterstock, Inc., (L) © Elena Schweitzer 2008/Shutterstock, Inc., (BR) © Yuri Arcurs 2008/Shutterstock, Inc.; p. 96: (TL) © Noah Galen 2008/ Shutterstock, Inc., (L) © Monkey Business Images 2008/Shutterstock, Inc., (LC) © 2008 Jupiter Images, Inc., (BL, Bkgrd) © Clara Natoli 2008/Shutterstock, Inc., (BL, Inset) © 2008 Jupiter Images, Inc., (BLC) © Alexandru 2008/Shutterstock, Inc., (BR) © Martin Czamanske 2008/Shutterstock, Inc.; p. 97: (T) © Nadezhda Bolotina 2008/ Shutterstock, Inc., (B) © Mandy Godbehar 2008/Shutterstock, Inc.; p. 98: (T) © Patrick Hermans 2008/Shutterstock, Inc., (TC) © 2008 Jupiter Images, Inc., (TCC) © 2008 Jupiter Images, Inc., (B) © Jennifer Stone 2008/Shutterstock, Inc., (BCC) © olly 2008/ Shutterstock, Inc., (BC) © Wolfgang Amri 2008/Shutterstock, Inc.; p. 99: (T) © Denis Babenko 2008/Shutterstock, Inc., (TC) © Jon Le-Bon 2008/Shutterstock, Inc., (C) © Yuri Arcurs 2008/Shutterstock, Inc., (B) © kotik1 2008/Shutterstock, Inc., (BC) © Orange Line Media 2008/Shutterstock, Inc.; p. 100: (TL, Bkgrd) © adv 2008/ Shutterstock, Inc., (TL, Inset) © 2008 Jupiter Images, Inc., (TRC) © Stefan Glebowski 2008/Shutterstock, Inc., (TR) © Gareth Leung 2008/Shutterstock, Inc., (CL) © Dragon_Fang 2008/Shutterstock, Inc.; p. 101: (TL) © Stanislav Mikhalev 2008/ Shutterstock, Inc., (L) © Lee Torrens 2008/Shutterstock, Inc., (LC) © 2008 Jupiter Images, Inc., (BL) © 2008 Jupiter Images, Inc., (BLC) © Val Thoermer 2008/ Shutterstock, Inc., (BR) © 2008 Jupiter Images, Inc.; p. 102: (TL) © Andresr 2008/ Shutterstock, Inc., (TLC) © 2008 Jupiter Images, Inc., (TRC) © Eric Gevaert 2008/ Shutterstock, Inc., (TR) © Multiart 2008/Shutterstock, Inc., (RC) © aceshot1 2008/ Shutterstock, Inc., (BRC) © 2008 Jupiter Images, Inc., (BR) © Yuri Arcurs 2008/ Shutterstock, Inc.; p. 103: (TR) © iofoto 2008/Shutterstock, Inc., (TRC) © 2008 Jupiter Images, Inc., (BL) © Galina Barskaya 2008/Shutterstock, Inc., (BRC) © Glen Jones 2008/Shutterstock, Inc., (BR) © Dragan Trifunovic 2008/Shutterstock, Inc.; p. 104: (TL) © Photos by ryasick 2008/Shutterstock, Inc., (TR) © Charles Shapiro 2008/ Shutterstock, Inc., (BL) © Diana Lundin 2008/Shutterstock, Inc., (BR) © Thomas M. Perkins 2008/Shutterstock, Inc.; p. 105: (TL) © Lisa F. Young 2008/Shutterstock, Inc., (TRC) © Diana Lundin 2008/Shutterstock, Inc., (TR) © Aleksandar Todorovic 2008/ Shutterstock, Inc., (BRC) © 2008 Jupiter Images, Inc., (B) © Graham Andrew Reid 2008/Shutterstock, Inc., (BL) © Ovidiu Iordachi 2008/Shutterstock, Inc., (BR) © Jaimie Duplass 2008/Shutterstock, Inc.; p. 106: (TL) © Paul B. Moore 2008/Shutterstock, Inc., (TRC) © Monkey Business Images 2008/Shutterstock, Inc., (TR) © 2008 Jupiter Images, Inc., (BL) © Kameel4u 2008/Shutterstock, Inc., (BRC) © 2008 Jupiter Images, Inc., (BR) © 2008 Jupiter Images, Inc.; p. 107: © vgstudio 2008/Shutterstock, Inc.; p. 108: (T) © empipe 2008/Shutterstock, Inc., (TC) © Denis Pepin 2008/Shutterstock, Inc., (TCC) © Anna Dzondzua 2008/Shutterstock, Inc., (BCC) © Morgan Lane Photography 2008/Shutterstock, Inc., (BC) © 2008 Jupiter Images, Inc., (B) © Svemir 2008/Shutterstock, Inc.

Notas

Notas

Notas

Notas

Notas

Notas

Notas